丛书编委会

总 策 划： 来新国　王文成

编委会主任： 郭齐勇　周晓亮

编　　　委： 来新国　陈知涯　张　彧　尹格韬　沈　众

王文成　孟淑贤　周长志　罗养毅　秦　丹

乌　琛

大家精要

马丁·路德

张云涛 著

陕西师范大学出版总社

Martin Luther

图书代号 SK16N1490

图书在版编目（CIP）数据

马丁·路德 / 张云涛著. —西安：陕西师范大学
出版总社有限公司，2017.1（2024.1重印）
（大家精要）
ISBN 978-7-5613-8850-1

Ⅰ.①马… Ⅱ.①张… Ⅲ.①马丁·路德（Martin
Luther 1483—1546）—传记 Ⅳ.①B979.951.6

中国版本图书馆CIP数据核字（2016）第324742号

马丁·路德　MADING LUDE

张云涛　著

责任编辑	陈柳冬雪	
责任校对	郑若萍	
封面设计	张潇伊	
出版发行	陕西师范大学出版总社	
	（西安市长安南路199号　邮编710062）	
网　　址	http://www.snupg.com	
印　　制	永清县晔盛亚胶印有限公司	
开　　本	650 mm×930 mm　1/16	
印　　张	10	
字　　数	100千	
版　　次	2017年1月第1版	
印　　次	2024年1月第2次印刷	
书　　号	ISBN 978-7-5613-8850-1	
定　　价	45.00元	

读者购书、书店添货或发现印刷装订问题，请与本公司销售部联系、调换。

电话：（029）85303879　　传真：（029）85307864　85303629

目　录

第 1 章

世事虚妄　一心向道

在西方出版的有关基督教的卷帙浩繁的书中，除了《圣经》和有关耶稣基督的著作之外，最多的就是关于路德的著作。对于他，人们看法各异，褒贬不一：有些人宣称他是与保罗和奥古斯丁并列的基督教伟人，是永远正确的真理教师、敢于向千年的教会体制和宗教权威挑战的勇士，以及为德意志的利益呐喊的民族英雄，而另外一些人则说他是西方文明的大灾难，导致了欧洲统一的基督教世界的分裂和旷日持久的宗教战争。而这两种截然不同的评价针对的都是由他发起的宗教改革。没有他，宗教改革固然也会发生，但至少会呈现出完全不同的样式。尽管人们对于他发起的宗教改革评价不一，然而都不能否认他对于德国、基督教和现代社会的重要影响。下面我们就进入他的世界，看看这位图林根地区出生的农民之子如何做出惊天动地的事情。

苦尽甘来　前途光明

1483 年 11 月 10 日，临近子夜时分，汉斯·路德（Hans Luder）的妻子生下了一个男婴。次日清晨，附近彼得教堂的神父以当天纪念的圣徒圣马丁（Saint Martin）之名为这个婴孩施洗，汉斯于是就给他的这个儿子取名为马丁·路德。

马丁·路德后来一直宣称自己是农民的儿子，祖辈都是农民。他的话只说对了一半。他的祖父是莫拉村庄的农民，但是他的父亲严格地说不算农民，因为按照当时的继承法，他祖父的田产全部由其最小的儿子，也就是他的叔叔继承。没有自己的土地，汉斯要么为弟弟种地，要么另谋生路，出去闯荡。在父亲去世之后，上进的汉斯选择了后者，在二儿子马丁出生前夕，他背井离乡，将家迁到了图林根的艾斯勒本。在马丁不到一岁之时，汉斯又将家迁往曼斯菲尔德小镇，在那里做矿工。在马丁童年时期，家里极其贫穷，并且欠下债务。汉斯夫妇生育了八九个孩子，不过好几个孩子都夭折了，作为二儿子的马丁成了长子。汉斯是个贫穷的矿工，整天忙于采矿，而其妻子则要经常出去拾柴。夫妇两人只有不遗余力地工作才能勉强养家糊口。不过凭借自己的勤劳、节俭和精明，几年之后汉斯就有了自己的公司，成了曼斯菲尔德的议员。在马丁读大学时，他已经成为六个矿井和两个炼炉的股东，这才使得望子成龙的他能够资助儿子进入当时很少人能读的大学。不过家里经济宽裕只是路德读大学时的事情，而在此之前，家里还有很多的债务要还，他还是吃了很多苦。

汉斯在外积极上进，雄心勃勃，在家也与妻子一道严格管教孩子，对他们有很高的期望，希望他们品行高尚。马丁·路德后来回忆说，有一次，他因为搞恶作剧，被父亲狠狠地鞭笞了一顿，于是对父亲充满了怨恨，离家出走。直到过了很长时间，汉斯费尽气力才与他和好。另外一次，因为他偷吃一颗果仁，母亲就把他的双手打得皮破血流。他的母亲还经常给他们吟唱童谣："假如别人讨厌你和我，看来那是我俩的错。"汉斯夫妇是虔诚的基督徒，因而对小马丁等孩子也进行宗教教育，要求他们背诵十诫等。

汉斯对小马丁满怀期望，并不满足于给他提供严格的家庭教育，然后等他长大后继承自己的事业。汉斯将4岁半的小马丁送往学校读书。当时的学校主要教授学生娴熟地掌握进入学术领域必需的语言——拉丁文，但是教学方法很机械死板，只是要求学生死记硬背，却不加以讲解。学校的要求极其严格，不允许学生在课堂上用母语说话，只要学生犯了一点错误，老师的鞭子就会落下来。小马丁就读的学校每天都要统计学生受罚的次数。到了中午，表现最差的学生就被罚戴上象征愚蠢的傻瓜的驴头面具，当众出丑。因为学校的要求过于苛刻，所以很难找出一个从没有受罚和出丑的学生。路德后来说，单单一个早上，他竟要饱尝十五藤鞭，那只是因为他不懂还未学过的变格和变位。学校的生活如此艰辛，以至于很多年之后路德还抱怨说："这样的老师自己一无所知，却又不想学习任何好的、正确的东西，连起码的学习和教学方法都不知道。"

学校的残酷训练也不是完全没有好处，至少路德娴熟地掌握了拉丁文文法，并且背诵了主祷文、《使徒信经》和十诫。除了语言学习之外，学校还要求学生参加弥撒和晚祷，并教授学生吟诵《圣哉颂》《尊主颂》《上帝的羔羊》等圣歌，吟唱《诗篇》。路德所掌握的这些技能在他随后的乞讨和宗教节日献唱中派上了用场，令他不至于毫无所获，饥肠辘辘。不但如此，此时培养起来的音乐兴趣令路德后来成为相当出色的音乐演奏者和作曲家。

1497年，汉斯将小马丁送往马格德堡由共同生活弟兄会创办的学校学习。在那里，路德参加了儿童唱诗班，并且几乎每天都要和同学们一起上街唱歌，以便能讨得一点食物。一年之后，小马丁又被汉斯送往艾森纳赫乔治教区中学，开始了在那里的三年读书生活。汉斯将小马丁送到那里可能是因为那里有他们的亲戚，他希望他们能够给予小马丁一些照顾，不要让小马丁忍饥挨饿。但是他的良好愿望落空了，因为他们的亲戚也很穷，根本无力照顾小马丁。路德还得四处乞讨，他和其他同学走街串户，在人家门口唱赞美诗，乞求他们能够施舍一点食物。

如果没有出现下面的好运，相信路德后来不会深情地称呼艾森纳赫是"我亲爱的城市"。路德成绩优秀，并且具有音乐天赋，或许就因此引起了有虔诚和慷慨之名声的莎尔比一家的注意。他们安排他住在他们一个富有的亲戚家中，并为他提供食物，这样路德的生计问题就解决了。他在那里还遇到了两位良师：一位是学校的校长，他后来称之为"天才"的特雷伯纽斯，另一位是戈尔登努夫。他们教授他拉丁语语法以及阅读、写作和演讲等技能，这样路德就能够阅读古代作家的著作。不但如此，他们还推荐路德去上大学。望子成龙的汉斯此时手头已经宽裕起来，他知道儿子一旦上大学，将来前途必然光明，因而欣然资助路德上大学。

1501 年，路德来到了埃尔福特。这座城市是乡下长大的他当时见过的最大城市，那里人口众多，异常繁华。不但如此，它还拥有三十六座尖顶高耸入云的教堂以及众多分属不同修会的修道院，因而获得了"尖塔之城""小罗马"或"图林根的罗马"的称号，路德本人也曾说它是新伯利恒。他所读的埃尔福特大学已经有一百五十年的历史。像其他大学一样，这所大学有法学院、医学院和神学院，而路德这样的新生以及其他申请学士和硕士学位的学生首先都被安排在文学院接受自由之艺术的人文教育。他们首先学习"三艺"：亚里士多德的逻辑、语法和修辞。逻辑使得他们掌握理性推导和论证的技巧，语法使得他们能够解释古典作品，而修辞则提高他们的演讲水平。接下来，他们运用这些基本技艺来学习亚里士多德的《形而上学》《伦理学》等著作。除此之外，他们还会学习算术、几何、天文和音乐这"四艺"。

路德异常勤奋，逐渐从众多学生中脱颖而出。在进入该校一年之后，他就通过了学士学位考试，获得了人生的第一个学位。不过，在五十七名考生中，他位列三十名。但是在 1505 年，当三百名学生结束在文学院的学习时，只有十七人通过了硕士学位考试，而路德以排名第二的成绩名列其中。当时的学校非常重视辩论，每周都安排辩论课，老师会给学生指定一个或一组题目，学生则遵循逻辑法则进行辩论。路德因其表现出来的卓越辩才而获得了"哲学家"的称号。

此时，汉斯对儿子相当满意，称呼路德为"马丁硕士"，不再像过去那样称他为"你"，而改口称他为"阁下"。他还为路德筹划前途光明的未来，要求他继续攻读法律硕士学位，并花费大价钱为他购买了《民法大全》。显然，汉斯希望路德将来做律师或者从事非常体面的法律或公务员职业，依据路德后来的说法，汉斯希望他做市长，出入王侯将相之门。如果这样，路德就光宗耀祖了，还能够照顾年迈的父母，让他们颐养天年。如果事情像汉斯筹划的那样进展下去，那么，这个故事就会很俗套，路德也只不过是被历史湮没的众多达官显贵之一，而基督教的历史也会被改写。

违背父命　出家修道

1505 年 7 月，刚开始研读拥有光明前途的法律专业的路德突然宣布了令他的同学和熟人惊诧、让汉斯愤怒至极乃至要断绝父子关系的决定：他要去做修士。对于作出这个抉择的原因，路德有过很多论述，譬如他在其著名的《桌边谈》中说因为母亲打他，所以他要去修道。不过这个理由很牵强，那是童年的事情，为何他多年之后才决定去修道呢？他在与罗马教会决裂、成为帝国通缉犯之后所写的《论修士的誓言》中说，他明白上帝使他违背父母的意愿做修士，为的就是让他从经验出发证明要反对修道主义。但是这只是路德在事隔多年之后的想法，他当初去修道时肯定不会以此为理由。更令人信服的是他在《桌边谈》中说出的另一个理由：为了自己不迷路，获得救赎和永生而立誓去修道。令他立誓的直接诱因是有关路德的各种传记都津津乐道的故事：路德1月获得硕士学位，然后有三个月的休假时间。5月，他正式开始学习法律。可能是因为这年春天埃尔福特爆发了可怕的瘟疫，路德在这个学期结束前就离开学校回家了。7月初，他准备返校。在经过斯托尔特海姆小镇时，路德遇上了雷暴雨，震耳欲聋的霹雳声就炸响在他身边，顿时吓得他魂不附体，于是他马上向他的矿工父亲的保护者、圣母玛利亚的母亲圣安娜许愿决志："圣安娜，救我！我愿意去做修士！"返校后，他拒绝了好友和家人的劝告，毅然变卖和赠送了包括珍贵的《民法大全》在内的所有书籍，因为不能带着个人财产进修道院——有两本书除外，那是他喜爱的罗马诗人维吉尔和戏剧家普劳图斯的著作。

路德的决定令他的亲朋好友惊奇，更令生活在驱神祛魅的世俗社会中的当代人困惑。但是如果将他还原到他所处的时代背景下，那么，虽然有些出人意料，但也在情理之中。从上可以看出，在决定进修道院之前的半年时间里，路德并没有太多的事情需要做，光明的前途就在前方等着他。他本该是轻松自在的，但事实并非如此，相反他的心情极度沮丧低落，在精神上历经斗争和挣扎。据说他曾患过重病，几乎死去，因而为死亡问题所困扰。不管传说是真是假，有一点是可以肯定的，即路德走到了人生的十字路口。在这段时间，他开始思索自己的人生道路。对于将要获得的好前途，他并没有太大的认同感。

与世俗的美好前途相比，他更看重灵魂的救赎和永生。当时的人对灵魂归宿的关注程度是处于世俗化时代的现代人很难理解的。

当时，人们生活异常艰难，命运坎坷多舛，平均寿命也非常短，都非常关心死后灵魂的归宿，笃信宗教。教会抓住了人们的心理，大肆渲染上天堂和下地狱两种完全不同的景象，譬如当时的木刻画通常会勾勒末日审判时的状态：基督不在十字架上，而是作为审判者坐在彩虹之上，他的右耳一侧伸出一枝象征救赎和复活的百合花，花枝底下是获得救恩的人，正准备跟随天使进入乐园；在基督的左耳一侧伸出一把利剑，被诅咒的人被撒旦从他们的坟墓中拖出来并抛到熊熊燃烧的地狱之火中。这将两种完全不同的命运摆在人们面前，我们应该如何赢得百合花，而躲避利剑的惩罚呢？在天堂里，人们与上帝生活在一起，享有喜乐和平安，但是在地狱中，罪人就要被烈火吞噬。天堂的幸福令人向往和盼望，而地狱的烈火则使人恐惧害怕。人们就生活在这种盼望和恐惧相互交织、波动不断的精神状态中。但这正是教会希望达到的效果，他们宣称就像没有免费的午餐一样，也没有免费的得救。人要想得救，需要自己去争取，人们今生的行为决定了他们在末日审判时是下地狱还是上天堂。他们也为人们指明方便之门，只要人们在有生之年按此行事，就可以取悦审判他们的上帝进而逃避下地狱的厄运。下面就是一些法门。

教会提供了一套圣礼，譬如人出生之后有洗礼，成长为青少年时有坚振礼，成年时可以举行婚礼，而垂死之时领受临终涂油礼，所有人在有生之年都可以领补赎礼和圣餐礼。这些圣礼使人的行为披戴了上帝恩典的衣装。按教会的说法，基督和圣徒们道德高尚，积累了足够多的功德，但是他们用不着，这些功德就被储存起来，而罗马教会掌管了这个功德库的钥匙，教皇用赎罪券赦罪时从中提取功德。洗礼只是去除了对原罪的惩罚，并没有带走罪的状况，信徒死后在去天堂之前会去炼狱，在那里清除他们今生所犯的罪。但是如果他们在去世之前亲自购买或者在去世之后由他们的亲朋为他们购买赎罪券，那么，他们就可以支取圣徒的功德，赎清自己的罪，无须要在炼狱里因为自己所犯的罪而饱受折磨之苦，而能够马上进入天堂。路德的父亲汉斯就将圣母玛利亚的母亲圣安娜奉为主保圣徒，时常向她祈求祷告，试图分享她的功德。

进修道院穿上僧袍做修士是最好的得救之道。中世纪教会尊称为"天使博士"的托马斯·阿奎那宣称穿上僧袍就如第二次受洗，使人灵魂洁净，毫无瑕疵。修士的光头比坚实的头盔更能保护他们，因为没人敢与他们争斗。人们甚至认为即使修士犯了罪，也享有特殊的恩宠：只要他们悔改认罪，就可以恢复到无罪的状态。

生在信仰非常虔诚的图林根农村地区的路德也未能免俗，他绝对知道做修士是一条捷径。在马格德堡时，他在街上看见了沿街乞讨的拖钵僧威廉王子。他本可以享受安逸舒适的生活，然而却为了灵魂的得救放弃了荣华富贵，在修道院干最粗重的活，在外面则沿街乞讨。路德说："他像驴驹一样背负着粗布袋，因为过度禁食和不眠的彻夜祷告，他看起来真像一具只剩下皮包骨的活骷髅。"对此，路德的感受是："任何人见到他，无不为自己的生活感到羞愧。"由此可见，路德当时对教会所宣扬的苦修做法是颇为欣赏的，敬仰这位托钵僧，乃至心驰神往。

当路德给父亲写信告知自己的决定，说那场雷暴雨以及他发的誓言都是上帝的旨意时，尽管汉斯提出了反对意见，问他怎么确信那是上帝而不是撒旦的作为，但是路德仍然强调在修道院祷告比做律师强，能更好地为家人服务。

可见，当路德遇上雷暴雨时，迫在眉睫的死亡使他感到恐惧，但并非像他在《论修士的誓言》中所说的那样，恐惧和痛苦让他"发了不得已且又必要的誓愿"，"心不甘情不愿地做了修士"，而是因为必须马上决定死后灵魂上天堂还是下地狱，所以他向圣安娜呼救："圣安娜，救我！我愿意去做修士！"这场雷暴雨帮助一直关注灵魂得救的路德作出了他虽然向往但又犹豫不决的决定。他此时并不知道获得救恩的其他方法，只认同当时教会所宣扬的因行称义，凭借忏悔和苦修等善工来取悦上帝的做法。

虔诚苦修　渴求救恩

1505 年 7 月 17 日，在处理完俗务之后，路德叩响了埃尔福特的布莱克修道院的大门，请求接纳他。如前所述，该城拥有分属众多修会的修道院，但是路德却选择了以苦修和虔诚而闻名的奥古斯丁修会的这家修道院。路德要想正式成为修士，还需要顺利通过严格的考验期。路德被安排在一个小房间里，他这段时间的工作就像修道院的修士们所说的那样是"哭泣，静默和静养"，反思自己的抉择，同时其他修士也会观察他。

过了这段考验期，路德被认为适合修道院的生活，于是，修道院举行了路德正式入院和受戒的仪式。仪式非常严肃庄重，院长站在祭坛前，而路德则伏拜在台阶前，院长庄严地问他："你渴慕什么？为何至此？"路德坚定地回答："我渴慕上帝的恩典和怜悯，我要与你们结成志同道合的密友！"接着路德又回答了诸如是否结婚，是否背负债务，是否患有隐疾之类的问题。在听到路德对所有问题作出令人满意的回答之后，院长最后再次问："你渴慕什么？"路德回答："上帝的恩典和怜悯！"接着，院长就向路德宣读修道院的各种清规戒律，诸如弃绝私欲，饮食穿着要节俭朴素，彻夜无眠地祷告，等等。路德表示愿意遵守这些律条，说了"仰赖上帝的帮助，我愿意接受脆弱之人所能背负的一切"之后，双膝跪地，剃发。院长给他披上见习修士的僧袍，然后吟诵："主啊！垂听我们衷心的恳求，俯允赐福你面前的仆人。奉你的圣名，我们给他披上僧袍，好叫他在你大能的帮助之下得以忠于教会，仰赖主耶稣基督的怜悯得以承受永生，阿门！"他也祝福路德："我们的主已经将你穿戴成新人，你就是在正义和真理的光照下按照上帝的形象造出来的新人了。"最后，路德俯伏在地，双手伸开，成一十字架形，表明他愿跟随基督，作出牺牲。众弟兄上前给他平安之吻，院长则再次训诫他："只有忍耐到底，才能获得救恩。"

路德此时尽管离开了家人，放弃了美好的前途，但是非常满足，因为他相信自己找到了正确的救赎之道，认为虔诚持守修道院的修炼之法，譬如禁食、彻夜祷告，他就能取悦上帝，赚取救赎。他确实是一名虔诚的好修士。为了获得灵魂的救赎，他严格遵循修道院的一切戒律，大部分时间都用在背诵经文、崇拜和默想上，每天祷告七次，时时提醒自己认罪悔改。作为见习修士，他还要出外乞讨，以维持生计，并以此蒙羞来保持谦卑之心。路德在修道过程中所表现出来的虔诚和高洁的道德品质使他不久之后就结束了见习期，成为正式修士。但是对路德而言，这只是意味着他的修炼需要更加虔诚和深入。

路德的修炼远远超出了修道院的规定。他不断地守夜祷告。他在禁食上也非常严格，三天不喝一滴水，不吃一口饭，按他自己的说法"几乎禁食致死"。冬天，当地极其寒冷，几乎滴水成冰。但是为了取悦上帝，他甚至在祈祷时脱去衣服，掀掉自己身上的毛毯，以致他身体被冻僵，几乎冻死过去。他的苦修和严谨在修道院是出了名的，以至于他后来敢说："如果有修士因为修道而进入天堂，那么，我一定在他们之中。"

不过，正像路德接着说的那样，"如果我继续过这样的生活，那么，我将因为守夜、祷告、读经以及其他工作而丢掉性命"。他近乎自虐的生活严重危害了他的健康，这种生活留下的危害在他晚年时更鲜明地显现出来。不过，路德当时并不在乎这些，因为这正是他想要达到的效果。既然拯救灵魂就要取悦上帝，而取悦上帝就要靠自己的善工和虔诚的行为，那么，即使付出再大的代价，乃至生命，也是值得的。但是每次当他完成了戒律所规定的事项之后，他总是对自己的所行感到怀疑，认为自己做得还是不够，于是又重新来过，更加克己，依此循环。不过，令路德万分沮丧的是，他意识到作为严厉的审判者的上帝根本不会将救恩施舍给他，因为人与上帝之间有无穷的距离和隔阂，他再怎么凭靠己力苦修都无法符合上帝的要求，取悦于上帝。路德就这样处于相信苦修终能赚取救赎随后怀疑它是否奏效的折磨之中，"试炼"（Anfechtung）一词准确地描述出他此时所处的焦虑和绝望的状态。

1507 年 5 月，路德被按立为神父，不久之后就获准主理第一堂弥撒。按照罗马教会的教义，在圣坛上，被祝圣过的饼和酒发生了变质，成了基督的身体和宝血，而使这一切发生的是主理神父，弥撒是神父向天父献祭，这样可以取悦上帝，得到恩典。虽然主理弥撒对神父而言是一件无上荣耀的事情，但是有极高的要求。在主理之前，神父需要先告解悔罪，在罪得赦免之后才能主理。在主理过程之中，要严格遵循仪式规范。因为弥撒中基督以肉身的形式出现，使得这项仪式异常严肃，神父往往因为紧张、担忧和恐慌而出现错漏，无法将弥撒继续下去。因此，典礼手册安慰神父，说圣礼的有效只在于正确的信念，主理过程中出现的一些错误并不是致命的罪，事后忏悔即可，绝不能因为罪恶感深重而跑开，中断弥撒；同时，教会一般会安排有经验的年长神父帮助初次主理的神父。

初次主理弥撒的神父往往极其害怕，路德的情况尤为严重。他极其虔诚，总是感觉自己卑微渺小，"只是尘土，充满罪恶"，他何以能够举目观看尊贵的上帝，举手向他祈求？既然在遇见地上的君王时他都会惊恐战栗，那么，在面对以严厉的审判者姿态出现的上帝时，他如何敢说话呢？尽管在主理弥撒前已经虔诚地悔罪，但是在圣坛上，当念到"我们要将一切敬献给您，又真又活的永恒上帝"时他被震慑住了，几欲逃走，他祈求一旁协助他的院长，说自己恐怕得离开圣坛。但是院长勉励他坚持下去，甚至不得不向他吼叫："开始吧，快点！快点！"路德全力控制内心的恐惧和担忧，艰难地坚持下来。当他在说耶稣所说的话语"这是我的身体"和"这杯是用我的血所立的新约"时，差点将饼和杯掉到地上。

弥撒完毕之后，神父和会众聚餐庆祝。汉斯也赶来参加儿子主理的弥撒。为了让父亲来参加，路德一度推迟了主理弥撒的时间。汉斯虽然不满儿子的决定令自己筹划好的计划泡汤，但是进修道院侍奉天父的呼召高于他这个尘世父亲的权威，他对此无可奈何，况且他想到另外两个儿子早逝，马丁能平安活着就是一种莫大的安慰，因而他带着亲友欣然前来，并捐赠给修道院一笔钱。

在餐桌上，因刚才与严厉的天父接触而惊魂未定的路德试图从久未见面的父亲那里获得一些安慰和对他做修士的认同，他对老汉斯说："亲爱的父亲，您从前为何反对我做修士呢？或许现在您仍然有些不满，但是修士的生活却是那么平静和神圣。"老汉斯再也按捺不住，积压的愤怒喷涌而出："你这位有教养的学者难道没有读过《圣经》教导人孝敬父母吗？而你却让我和你母亲在年老体衰之时自己照顾自己。"路德对老父亲的愤怒感到惊诧和不安，辩解说他在修道院祷告能够给二老带来更多的好处，这是他做律师不能办到的，还以改变命运的那场雷暴雨证明自己的选择只是听从上帝的呼召而已。老汉斯毫不客气地回敬说:"求上帝保佑那不是魔鬼的呼召!"

老汉斯并没有原谅路德所作的选择。不过这也体现了路德的性格,他很自信,特别是在信仰问题上,哪怕是面对敬爱的父亲,他也会坚持己见,这一点在他后来发起的那场惊天动地的运动中起到了至关重要的作用。但是老汉斯的话也刺痛了路德的灵魂,这倒不是因为他怀疑自己的选择,而是因为他无法坦然面对上帝。既然这位令人敬畏的上帝呼召他去修道,为何他尝试了各种方法却不能坦然面对上帝,不但没有享受平安和喜乐,相反却饱尝焦虑和绝望呢?他总是感到自己与上帝异常隔膜,自己再怎么虔诚苦修也总是罪孽深重,难逃上帝的审判和惩罚。路德后来描述他当时的矛盾心理:"恐惧使我走向绝望。上天堂无路只有死亡,地狱不得不前往。"是自己寻求上帝的方法不对,还是呼召他的那一位真像父亲所说的那样根本就不是上帝,而是撒旦伪装的?这确实是个问题。要解决疑问,路德还需要开阔视野,不再只是苦修,而是要系统学习和体悟,深入反思各种得救之道的得失,进而获得真道。

罗马朝圣 幸被放逐

修士并不只是个人修行就行了,还需要系统学习和接受严格的训练。路德进修道院之后不久就在指派的导师教导下开始阅读《圣经》,接着学习伦巴德编撰的《箴言四书》。该书是中世纪的标准教义教科书,分专题编排了互相冲突的经文和教父言论。路德必须学会用合理的方式解释这些矛盾的话语,并予以理解。路德聪慧勤奋,很快就完成了修道院规定的训练。院长要求他除了履行修士的职司之外,到相隔不远的埃尔福特大学继续读书,预备做修道院的读经人。因此,路德从1507年春天开始了在母校神学院的学习。两年之后，他获得了《圣经》学士学位和神学硕士学位，取得了讲授《圣经》和《箴言四书》的资格，并开始在修道院授课。此时，他开始认真研读奥古斯丁的原著，并完善自己的古典语言知识。

1510年9月，萨克森的大主教和奥古斯丁修会德意志分会会长施道比茨要求严肃戒律，将一些修道院统一划归萨克森修道院联合会的名下，实施统一管理。但是埃尔福特和纽伦堡的修道院反对这个决定，11月，他们推举路德和另外一名修士前往罗马寻求奥古斯丁总修会会长支持他们上诉。路德怀着朝圣的心情向罗马这座"不朽之城"进发，然而他越靠近罗马，发现基督徒越坏，完全不受清规戒律的约束。

1510年年底，当他们到达罗马城时，路德不顾一切地跪下，虔诚地赞美罗马："神圣的罗马，向你致敬！殉道者所流的血使你神圣荣耀。"他利用空暇在这座圣城里参观圣殿，做礼拜。此时的路德仍然相信圣物和朝圣的功效，以至于他认为，如果他的双亲去世了，他在这里的圣殿中所做的特殊弥撒可以使他们的灵魂脱离炼狱之煎熬。不过也正是因为相信教会所宣传的，所以当发现教会人士自己干的那一套与其口中说的那一套完全不符时，他就异常失望和愤怒。他要寻找的是殉道者的神圣之城，并且抱着学习的态度、怀着敬仰的心情参加城里举行的各种宗教仪式，然而他回忆说："我跑遍了所有教堂，最终才发现那一切只是谎言而已。"他所看到的情形令他瞠目结舌和感到恶心：他们做弥撒就像在表演滑稽剧；当路德还未读到福音书时，其余的人已经完成了多次弥撒，并且催促他："快点，快点，已经完了。把圣母的儿子们快些放回到圣母那里去。"

路德极度失望，在多年之后的《致德意志基督教贵族公开书》中，他主张禁止到罗马朝圣，因为那里不合适。罗马本是神圣之城，但是现在已经变成了肮脏之城，他在罗马所看到的不是好榜样，只是叫人痛心的事，那里的俗语说："愈靠近罗马，便愈是更坏的基督徒。"人们从罗马带回来的是对上帝和他的诫命的藐视。路德还说："基督徒越接近罗马，就越变坏。人们第一次去罗马就是去找痞子；第二次去就找着一个痞子；第三次去就会把痞子带回家！"总之，如果有地狱，那么，罗马便是地狱。

有必要一提的是这样一个传说：当路德访问罗马时，他双膝跪下，在"圣阶"上朝拜，每爬一级就念一次主祷文，希望凭此称义，罪得赦免，不过他还没爬到顶，《圣经》中的话语"义人必因信得生"就照亮了他的内心，于是他幡然醒悟，立刻转身离去。这个传说可信性不高，因为路德当时还没有那么高的思想境界，在罗马所见的丑行只是使他怀疑教士的虔诚，但是他并没有对善工得救本身提出彻底的怀疑，尽管他已经通过自己的苦修和体悟朦胧地意识到，靠此很难解决人如何能够面对严厉的上帝审判这一他最关注的问题。

1511 年 1 月，路德离开罗马。这次罗马之行是路德一生唯一的一次出国经历。此行虽然并没有完成受托之事，却让他认识到了当时教会的腐败和堕落，他极度失望。不过这也给他上了生动的一课，让他认识到当时的教会和信仰实践所处的困境。

7 月，反对联合的修道院代表再次与施道比茨谈判。路德所在的埃尔福特修道院拒绝与他联合，但是在该院内部的投票中，路德及其朋友却投了赞成票，因为他们认为一味顽固地反对施道比茨有损教会的事业，也违背了修士的顺从誓言。但是其余的人认为他们是叛徒，抛弃了他们，要将他们放逐到维滕堡，与施道比茨为伴。此时，施道比茨向他伸出了援手。

这次放逐并非路德第一次来维滕堡。1508 年，因为文学院一位教授休假，路德被派到维滕堡，教授一个学期的伦理学。

与埃尔福特相比，维滕堡无疑是贫穷蛮荒之地。但是被放逐到这里并非坏事，因为他获得了一位出色的灵修导师：施道比茨。事实上，路德早在埃尔福特修道院时就认识他。当时路德初进修道院，很多杂务都安排给他做，尽管如此，他仍然不忘学习。在修道院里，他第一次看到了完整的《圣经》，改变了以前一直以为它只是一些语录的错误看法，于是孜孜不倦地阅读起来。他表现出来的学习热忱令视察此地的施道比茨感到惊奇，于是他命令路德读《圣经》，以此替代他所承担的俗务，并赠送给他一本当时极其珍贵的《圣经》。到了维滕堡，路德受到了施道比茨的更多关怀和照顾，他成了路德的灵修导师，倾尽其力让路德获得平安和喜乐。频繁的禁食、彻夜的祷告并没有让路德获得安宁，相反，他总是感到自己罪孽深重，充满了疑虑、恐惧和担心，认为自己无法站立在严厉公义的上帝面前，于是跑到施道比茨那里忏悔。认罪之后，他稍微有点心安，但是过不了多久，就又不安起来，又绞尽脑汁找出新的罪，再次跑到施道比茨那里悔罪。施道比茨起初不厌其烦地倾听他的忏悔，不过，这位弟兄为了攻克己身而搜肠刮肚地找罪，频繁地跑到自己面前悔罪，这让他也吃不消。在他看来，路德所说的大多数罪根本就不是真正的罪，他要求路德不要夸大自己的软弱无能，甚至鼓励他去真正犯一次罪，并且要求路德多注意被钉在十字架上的耶稣基督的伤口，看到他的爱。

对于施道比茨，路德一直到晚年都充满了感激之情，说施道比茨给予了他在基督里的生命。他说："如果不是他帮助我，我早已经被绝望吞没并堕入地狱。"不仅如此，他还说："我从施道比茨那里拥有了我自己的东西，他给了我机会。"这个机会就是让他获得了一顶神学博士的帽子，成为年轻的《圣经》神学教授。

第2章

上下求索　豁然开朗

施道比茨非常欣赏信仰虔诚、严于律己的路德，鉴于这位年轻的弟兄饱受灵魂征战之苦，他自己也疲于应对穷根究底的路德所提出的各种问题和频繁的祷告，于是他试图为路德指明一条出路，让他自己去求证真道，同时也分担一下自己除了繁重的教会管理之外还在大学承担的教学任务。一天，施道比茨和路德在修道院梨树下乘凉，他对路德说："硕士先生，您必须成为博士和传道士，这样，才与您的才能相配。"施道比茨的意思很明确，他要路德去维滕堡大学攻读神学博士学位，并接替自己在那里的《圣经》学教席，这样路德就能从作为信仰本源的《圣经》中寻找答案，解除困惑。但是路德惊得说不出话，他信心不足，胆怯，吞吞吐吐地说出一堆理由来谢绝这位良师。不过，施道比茨不是轻言放弃之人，他继续游说路德，说："您难道不知道我们主的工作繁多吗？他需要聪明人来担当。能干的人即使到了天上，上帝还是用得着的。"路德最终同意了。

1512 年 10 月 18 日，路德戴上了羊皮制的扁平帽，获得了博士学位。接着，他就接替施道比茨担任维滕堡大学《圣经》学教授。路德后来说，他纯粹出于服从，被迫做博士，对着他亲爱的《圣经》发誓一定要忠实真诚地宣讲《圣经》。路德首先讲授《创世记》，接着讲授《诗篇》（1513～1515）、《罗马书》（1515～1516）、《加拉太书》（1516～1517）和《希伯来书》（1517～1518）。1518 年，他开始重新讲授《诗篇》。在讲授《圣经》之前，路德会先将所讲经文印在比较大的纸中间，这样纸的四周就留下大量的空白，他会将想要表达的主要意思记下来，而学生也可以在那里做笔记。这些留下的讲义和笔记清晰地记载了路德思想发展的轨迹，后人从它们出发可以考察路德是如何实现神学的突破，提出他的新发现，最终与各种传统学说划清界限的。不过，在论述路德的新发现之前，有必要先看看他在大学和修道院读书期间所接触的各种可资利用的传统资源，看看他如何上下求索，亲证诸种拯救法门，却发现它们都存在着问题，最终不得不走上另立新说的道路。这样，我们就能更好地理解路德所说的新发现新在何处，他的灵魂的焦虑何以得到了根本解决。

苦心孤诣　亲证传统

在路德所处的中世纪末期，各种思想纷至沓来。他本人所接触的传统大致可以分为三种：经院哲学、人文主义和神秘主义。

经院哲学是中世纪的主要思潮，它试图为基督教信仰辩护，用理性证明其合理性，并系统阐释基督教教义，其鼎盛时期是 13～16 世纪。在这三百年鼎盛时期中，以"天使博士"阿奎那和"精细博士"司各特等实在论者为代表的"旧路"神学在前半段时间占据了主导地位，而以奥康的威廉、比尔等唯名论者为代表的"新路"神学则在后半段时间里独领风骚。实在论与唯名论的区别主要在于：前者承认共相是真实存在的，而后者要么否认共相的存在，要么即使承认它存在，也认为人不能认识它。唯名论者反对经验现象背后的实体和抽象存在，实质上否定了实在论者通过理性把握上帝及其属性的尝试。托马斯用理性来论证上帝的永恒性及与其创造的世界的关系，而唯名论者，甚至包括实在论者司各特都反对这种做法，认为这必然将上帝限制在理性之中，使之成为有限的存在。为此，他们区分了上帝的意志和存在、他的绝对能力（potentia absoluta）和循序能力（potentia ordinata）。上帝的绝对能力是指他具有至高无上的能力，能够做他想要成就的任何事情，哪怕这件事违反逻辑规律，譬如他可以使二加二不等于四，而等于五，他甚至可以将灵魂赐给驴子而不是人，可以化身为驴子而不是人。但事实上二加二等于四，而不是五，上帝将灵魂赐给了人，而不是驴子，上帝道成肉身为耶稣，而不是驴子，因为上帝还有循序的能力。

与对于上帝力量的这种区分相应，新路派神学家对于人的称义和救赎提出了自己的看法。在中世纪，人们对此问题有不同的看法。奥古斯丁和佩拉纠围绕此问题展开过激烈的争辩。前者强调自始祖亚当、夏娃堕落之后，人性彻底败坏了，人完全被罪捆绑，所以人的救赎完全依靠上帝的恩典，人依靠己力根本无法获得上帝的救恩，任何试图凭借己力获得救恩的行动本身就是罪的表现。但是佩拉纠对人性并不持这样悲观的看法，他认为人并非一无是处，拯救的力量就掌握在人手中，人可以通过善行来取悦上帝，赚取救赎。总之，奥古斯丁认为救赎是上帝赐给人的恩典，而人本不配领受它，但是佩拉纠则认为救赎固然是上帝赐给人的，但还得靠人自己的努力来赚取。奥古斯丁和佩拉纠在人如何获得救赎的问题上所持的观点后来分别被叫作神恩独做说（monergism）和神人合作说（synergism）。这两种观点也在唯名论者中间重现：一方是里米尼的格列高利和奥维托的胡林诺，另一方是奥康的威廉、达哀理和比尔。前者认为只有依靠上帝的怜悯和仁慈，人才能获得救恩。因为佩拉纠的观点早就被教廷判为异端，所以后者并没有直接接过他的观点，虽然接受了其实质，即凭借自己的行为，人会蒙上帝悦纳获得救恩，但是加以改良，引入了盟约观，使其更加精致。在他们看来，尽管上帝具有绝对的能力，可以任意行事，但是因为他有循序能力，所以当他与人立下盟约，规定双方的权责之后，只要人满足盟约的条件，他必然会履行盟约。上帝确定了一个条件，即人要"竭尽所能"，只要人满足这个条件，上帝就会赦免他，将恩典浇灌到他头上，这人因此就恢复了与上帝的恰当、合适的关系。而何为"竭尽所能"呢？比尔宣称那就是遵从圣礼，对付内心的邪情私欲，悔罪，爱上帝，尽力行善。在比尔看来，耶稣是一名良医，为他的人民准备了良药，设立了具有医治功效的圣礼，要去除他们的罪恶，治愈他们的伤痛，使他们恢复健康。

对于上述观点，路德毫无疑问是非常熟悉的。当时大学课堂上被频繁宣讲的话就是"上帝不会拒绝将救恩赐给那些尽其所能之人"。埃尔福特当时已经成为唯名论的阵地，比尔的学生乌辛根的阿诺尔蒂和艾森纳赫的特鲁特尔在授课时彻底贯彻奥康的威廉和比尔的思想，而他们正是路德在文学院学习时的老师。在被按立为神父和主理弥撒之前，路德认真学习了加百列·比尔的《弥撒圣典评注》。在修道院和神学院里，他继续钻研奥康的威廉和比尔的著作。

尽管路德在 1509 年就已经在阅读奥古斯丁的著作，但是在所作的笔记中他仍然赞同他的老师的观点，认为善工和遵循圣礼是接受恩典的前提。在 1513 年开始讲解《诗篇》时，他直接陈述了他所受教的经院哲学的盟约神学："上帝已经与我们立下遗约和盟约，因而任何信仰与受洗的人都必然获救。在这个盟约中，上帝是完全真实和信实的，并且受其应许规范。"他还以《马太福音》第7章第7~8节"你们祈求，就给你们；寻找，就寻见；叩门，就给你们开门。因为凡祈求的就得着；寻找的就寻见；叩门的就给他开门"为证据，证明说上帝与人定下了仁慈的圣约，定会将恩典赐给尽其所能之人的神学博士非常正确。甚至到了1515年，他还宣称"我属于奥康学派"，说："律法是人们接受基督的预表与准备，因而只有尽我们所能做事，我们就能获得恩典。"同时，他还相信人有能力遵循律法，作善工，宣称人没有完全变恶，人的良知和向善的欲望只是变弱了，并没有泯灭，只要增强它，人的向善的微弱之举就能够转变成爱上帝超过一切的行动。他还宣称人的"真正的义是谦卑、认罪和自责"，"唯有谦卑才能得救"。

第二个传统是14世纪至16世纪的"人文主义"。它并不像今天的人们想当然地认为的那样只是强调人的价值和尊严，它还有宗教上的诉求，呼吁教会进行一场"自上而下的改革"。人文主义者的口号是"回到根源"（ad fontes），即回到古希腊罗马时代。他们厌恶古典时期与他们所处的时代之间的那个时期，今天人们普遍接受的"中世纪"和"经院哲学"这些术语就是他们的杰作，他们使用这些带有贬义的词来刻画那个时代及其哲学，指责中世纪是愚昧无知的时代，抨击痴迷于烦琐的分析和论证的经院哲学是"喋喋不休的胡言乱语"，要求越过横亘在他们的时代与古代的黄金时代之间的中世纪，试图复兴古典思想和艺术，重新回到《圣经》、原初教会和教父时代的经典著作。

人文主义者的诉求可能令人不解，中世纪宗教氛围浓厚，基督教一统天下，难道没有《圣经》和教父们的著作供人阅读吗？中世纪确实有《圣经》，那是圣哲罗姆翻译的拉丁文武加大版《圣经》。但是人文主义者发现该权威译本有很多错误，譬如，哲罗姆将《马太福音》第4章第17节耶稣开始传道的话语翻译为"赎罪吧（Do penance），因为天国近了"，希腊语原文"metanoia"被译为"赎罪"，教会过去就将这个翻译作为补赎礼的根据，但是瓦拉指出该词有"悔罪"之意，强调的是心性的转变，而不是外在的行为。至于奥古斯丁、安布罗斯等伟大教父的著作，中世纪神学家也非常重视。不过因为当时还没有印刷术，作品都是靠手抄，而在抄写过程中往往会出现改动和错漏，并且过去书籍稀少，完整的抄本往往也只有修道院和教会才有能力收藏，所以人们会摘录古代教父的著作，并加上注释，譬如路德所读的伦巴德的《箴言四书》就辑录了教父们的言论。但是这往往加上了编者个人的偏见和喜好，断章取义，而读者也无法查考，因而以讹传讹，祸患无穷。更糟糕的是，还有一些人炮制一些作品，然后署上著名教父的名字。在此前的几个世纪里，出现了很多署名为奥古斯丁的著作，但是其中的观点与奥古斯丁的思想并不一致，甚至相互冲突。

活字印刷的发明使得批量印刷成为可能，这样就有效地避免了抄写所导致的错漏，同时也使得人们容易购买到书籍。随着1453年君士坦丁堡的沦陷，大批操着希腊语的拜占庭学者来到了意大利，他们带来了西欧人没见过的古籍和古典语言知识。这些条件使得人文主义者复兴古典文化的梦想得以实现，他们抛弃了过去出版的一些书籍，考订诸种抄本，重新辑录《圣经》和教父们的完整著作。

在这一时期，涌现出大量从事古代经典和语言研究的杰出学者。勒菲弗尔·戴塔普尔一改过去推崇的寓意解经法，完全依据语法解释《圣经》，在其1509年出版的《〈诗篇〉五译本合参》中，他比较五种译本，对《诗篇》作评注。除此之外，他还出版了保罗书信的译本及对其所作的评注。当时最著名的人文主义学者是罗伊希林和伊拉斯谟。前者对复兴古希伯来语和希腊语起了关键性的作用，他擅长古希腊语，并在大学获得了教席，后来还专门学习希伯来语，并为犹太教经典的命运奔走，反对仇犹主义者试图毁灭它们的举措。1506 年，他出版了工具书《希伯来语初阶》，收录了希伯来语语法和词汇，这为人们研习《圣经·旧约》提供了极大的方便。后者在卢汶附近的一座修道院图书馆中发现了瓦拉不为人知的《〈新约〉校注》，该书提出了文献批判式解经法，批评哲罗姆的很多译文和注释是错误的。伊拉斯谟深受启发，在 1505 年将其出版，并利用其成果翻译《圣经》。次年，出版商阿默巴赫出版了十一卷的《奥古斯丁全集》，使得人们首次看到这位伟大的教父的全部著作，而不是只言片语。该版本构成了后世的所有奥古斯丁全集的基础。伊拉斯谟后来又重新编辑了这些著作，出版了十卷本的《奥古斯丁全集》，纠正了一些错误，并加上了自己的评注。但是伊拉斯谟校勘的最权威的教父著作并非奥古斯丁的著作，而是哲罗姆的著作。

当然，伊拉斯谟校注的最有影响力的著作还是在 1516 年由弗洛本出版的《圣经·新约》。他不但收录了《新约》希腊文原文，还将它们译成拉丁文，修正了武加大版《圣经》的诸多错误翻译，并用注解来解释经文。虽然伊拉斯谟并没有考证和校勘足够多的《圣经》抄本，翻译也没有严格遵照字面意思进行，但是这部《圣经》是历史上第一版印刷出来的《圣经》。在该版本的前言中，伊拉斯谟甚至说他希望下层妇女都能阅读福音书和保罗书信。这个愿望部分得到了实现，学者们争相阅读他校注的《圣经》。中世纪确立的很多教义和谕令都依赖于武加大版《圣经》，一旦作为它们依据的译文是有问题的，它们的地位就岌岌可危了。事实确实如此，当人们将伊拉斯谟的希腊文版《圣经》与武加大版《圣经》对比时，他们惊异地发现教会所宣扬的一些教义和律条是不正确的。

早期教会只有两项圣礼，即受洗礼和圣餐礼，但是教会和神学家依据经文又增加了五项圣礼：坚振礼、补赎礼、婚礼、按立礼和临终涂油礼。伊拉斯谟在其《新约》中遵循了瓦拉的观点，将耶稣的那句话确定为"悔改吧！因为天国近了"，这样补赎礼的合法性就值得怀疑了。《以弗所书》第5章第31~32节说："为这个缘故，人要离开父母，与妻子连合，二人成为一体。这是极大的奥秘，但我是指着基督和教会说的。"但是武加大版《圣经》不将希腊文"mysterion"译为"奥秘"，却偏要译作"圣礼"。伊拉斯谟纠正了这个错译，指出婚礼根本不是圣礼。在中世纪，人们崇拜和购买圣徒遗物，那是因为教会宣称圣徒的功德是用不尽的，其他人可以支取，而作为耶稣的母亲，圣母玛利亚的功德更是超乎寻常的。这主要依据武加大版《路加福音》第1章第28节中加百列·比尔说玛利亚是"充满恩典"的女子，但是伊拉斯谟指出希腊原文只是说玛利亚是一个"蒙恩"的女人。

这些差异无疑是惊人的，它们动摇了人们对教会宣扬的一些信条的看法。不但如此，人文主义者胡腾在1517年出版了瓦拉的《论君士坦丁御赐教产谕》。过去教皇总是以此谕令为由来宣扬其拥有现世统治权，但是瓦拉运用其古典学知识考证出该谕令是伪作，这样教皇的根据就不存在了。伊拉斯谟则辛辣嘲讽教会及其神职人员的丑行。在《愚人颂》中，他讽刺人们尊崇圣徒，特别是圣母玛利亚，说好像圣母在圣子之上。他还批判和嘲笑经院哲学家痴迷于烦琐的分析和论证，说有些自诩为伟大而开明的神学家总是着迷于解决如下问题：神诞生的确切时间是何时？基督是否有几个来源？"上帝恨他的儿子"这个命题可能成立吗？上帝会降生为一个女人、撒旦、驴子或葫芦吗？果真如此，一个葫芦是如何传道、行神迹和被钉在十字架上的呢？当基督的尸体还挂在十字架上时，如果彼得要献祭，他拿什么献祭呢？在那个时候，基督还可以被称作人吗？复活之后我们能够吃饭喝水吗？如果能，那么在永生到来之前，我们还要防止饥渴的袭击。伊拉斯谟说人们一般认为神职人员品行比一般信众高尚，但事实恰恰相反。1517年，伊拉斯谟出版了《尤利乌斯被逐出天堂》。尤利乌斯即教皇尤利乌斯二世，当这位在人间地位显赫的教皇死后来到天堂的大门前时，圣彼得不允许他进去，因为他不认识什么教皇。

伊拉斯谟等人重视《圣经》和教父的著作，这源于他们的宗教改革主张。下面我们看看伊拉斯谟的基本宗教观点及其对救赎的认识。在1503年出版的《基督精兵手册》（*Enchiridion Militis Christiani*）中，伊拉斯谟就已经形成了其宗教改革主张。一位不服从神职人员管教的军人妻子托伊拉斯谟的朋友请他为丈夫写点东西劝诫他以便让他灵魂获救，因为他很钦佩这位伟大的作家，可能会听从他的建议。于是，伊拉斯谟写了这本小册子。书名中的"Enchiridion"既有包括手册在内的短小精悍之作的意思，也指可以持在手上的小型武器，如匕首、短剑，他的标题显然是双关的，人生是不断征战的，他要提供教导使这位军人丈夫明白基督精兵应该获得何种锋利的武器，在信仰上打一场漂亮的胜仗，使基督成为生活的唯一目标。但是该书在出版之后的最初十来年并没有太大影响，直到1515年出第三版时才引起世人的重视，一时洛阳纸贵，在随后的短短几年中就印了二十三版。在为其校订的《新约》所写的导言中，伊拉斯谟明确提出了"基督的哲学"这一概念，说这种哲学关注的是心性、生活意义、灵感启示和人生态度的转变，而不是经院哲学所推崇的三段论、辩论、博学的知识和抽象思辨。要成为好基督徒无须掌握很多知识，只需要虔诚和高尚的道德。

伊拉斯谟的基督的哲学所提倡的实质上是一种理性的、温和的、道德的生活方式，他将古典哲学和道德融入基督教中，甚至将苏格拉底封圣，祷告说："圣苏格拉底，请为我们祈祷!"基督成了道德的最高目标，而基督徒要效仿他，过道德的、虔诚的生活。这种生活就是要使欲望受理性支配。为了达到这一要求，基督精兵有两把锋利的小刀：祈祷和知识。向上帝虔诚祷告可以让人战胜欲望，而知识帮助理性作出正确的判断。知识的来源是《圣经》，阅读《圣经》能帮助人抵抗欲望的攻击。

伊拉斯谟强调内在的信仰，反对教会外在的、形式化的诸多仪式，如圣礼和圣职制度。他反对神职人员的无上特权，认为他们只是教育平信徒的人而已，而后者才是教会的真正宝藏和复兴教会的希望所在。为了提升平信徒，需要进行教育改革，将修辞的价值放在辩论之上，将古典著作放在经院哲学之上，将俗世的实践放在与世隔绝的修道之上。基督精兵应该凭借上帝的恩典，以道德的最高目标基督为师，通过阅读古典作品和《圣经》来陶冶理性的、温和的性情，培养虔诚和纯洁的品德，由此生发出对上帝和邻居的爱，最终打赢信心之仗。

在伊拉斯谟看来，始祖堕落使得后人有了原罪，不过原罪指的是人有一种作恶的倾向，这种倾向表现为使理性晦暗的无知、让人为坏情绪左右的肉欲，以及使人难以抵抗诱惑的软弱。显然，他并不将罪看作实体性的存在，而只是属性或倾向，而后者显然是人可以凭借己力克服的。这已经偏离了基督教传统，否定了罪根深蒂固。人如何获得救赎呢？伊拉斯谟一方面强调人的希望在于上帝的怜悯和恩典，通过耶稣基督之死，上帝将救恩赐给人们，罪人通过受洗而罪得赦免，并成为作为基督的身体的教会成员，人由此获得动力和信心，以他为榜样，爱上帝和邻居。但是另一方面，他又认为人们能够通过提升自己的道德水平和虔诚，凭借自己所行的正义行为而赢得救赎。在他看来，人的道德能力是上帝的恩赐，上帝是美德的根源，但是人还有主动性，能够选择发展上帝恩赐的诸种能力来回应他。

由上可见，尽管伊拉斯谟嘲笑和批判经院哲学和教会宣传的修道、朝圣、购买圣徒遗物等善工得救的做法，但是他自己的观点实质上与他们并无二致，都主张神恩合作说，认为人在救恩上仍然有主动性，虽然救赎和人的能力都是神所赐，但人可以运用这些能力来完善自己，纯洁自身，赢得救恩。包括伊拉斯谟在内的人文主义者对人的罪性的严重性估计不足，因而淡化神恩，强调人的能动性。伊拉斯谟并不准备提出一种崭新的神学，而只是要求改革教会，克服种种弊端，使平信徒和神职人员都能过上虔诚的、道德的生活。

尽管如此，人文主义还是为路德的神学探索提供了重要的基础。路德早在埃尔福特大学读书时就已经接触到了人文主义者，譬如后来作为萨克森选侯"智者"腓特烈秘书的斯帕拉丁。他后来与胡腾一起匿名出版《晦涩之人的书信集》，支持罗伊希林并尖锐讽刺修士和经院哲学家鲁宾纳斯，并且通过学习，了解了人文主义者所教授的古典著作。人文主义者编辑整理出版的各种工具书、《圣经》、教父的经典，尤其是奥古斯丁的著作，以及对它们所作的深入研究作品是在苦苦求索之中的路德如饥似渴地阅读的对象。通过它们，路德娴熟地掌握了古希伯来语和希腊语，非常熟悉《圣经》原文和奥古斯丁的思想。伊拉斯谟编校的《新约》刚一出版，路德就迫不及待地研读起来，并在以后的注解中引用它，到了1523年他自己翻译《圣经》时也以伊拉斯谟的本子为底本。

路德接触到的第三个主要传统是神秘主义。亚略巴古的狄奥尼修斯教导处于"内在的黑暗"之中的人提升自身，通过冥想和听见非受造物的道理，净化心灵，自我放弃，进而与上帝合一。还有一种"婚姻"神秘主义，主张信徒与基督结婚，融合为一体。有些神秘主义者认为人要多冥想、祷告和阅读经文，在"迷狂"和"出神"状态中直接获得对上帝的直观，而持更激进立场的埃克哈特认为人在创世之前就在上帝之中，与他合一，现在人心中存在着能释放出神圣火花的灵魂之根基，仍然可以在灵魂的"火花"或"基地"上达到与上帝的神秘结合。当人感到自己渺小和一无是处，"放弃自我"，完全"顺从"和谦卑，委身于上帝时，就能与上帝融为一体。这种观点取消了上帝与人之间的区别，并且否定了圣礼和教会在救赎中的作用，因而被罗马教廷斥为异端思想。但是埃克哈特的学生陶勒仍然继承了他的观点，并将之普及化。对于路德所关心的罪人如何能够站立在严厉的上帝面前的问题，神秘主义者认为人心尚存着神圣的火花，即良知，它可以产生不是很完善的善行和品德，只要激发和发展它，人就能得到完善，被上帝悦纳。

路德很早就接触到了与神秘主义有关的东西。当年他在马格德堡所上的学校由共同生活弟兄会创办，而该会就是神秘主义的一项成果。该会的成员不进行禁欲式的苦修，而是学习、默想和劳动。他们抄写手稿，创办学校，向青少年提供当时最好的知识。有趣的是，伊拉斯谟也是该会的学校培养出来的。在进修道院之后，路德和其他修士对图书馆里收藏的明谷的贝尔纳德的一些著作非常感兴趣。贝尔纳德重视《圣经》经文，并且指出被钉十字架的耶稣体现了神的形象，强调人要多仰望在十字架上受难的耶稣并感悟其谦卑和顺服于上帝的人性，只有经历痛苦、怀疑、挣扎和折磨，人才能真正认识上帝。其时路德正饱受折磨，这番话无疑道出了他的心声，因此毫不奇怪，他会视贝尔纳德为英雄。在 16 世纪最初十年的讲道中，路德多次提到了良知，说人心有两种良善——意志和理智，它们是灰烬下的火星、埋在地里的种子，甚至用上了经院哲学的术语来形容它，说它们是渴望形式的质料。意志使人有寻求上帝的能力，而理智使人能分辨善恶，但是人非常软弱，抵抗不了诱惑，因而容易迷失，不能凭借己力进行自我拯救。不过，人毕竟能够知道对荣耀的上帝盼望，只要获得引导，通过祷告、认罪等方式还是能够进入上帝之中，与他合一。

在其第一次《诗篇》和《罗马书》讲课中，路德娴熟地运用贝尔纳德、狄奥尼修斯的神学概念和思想。譬如，他借用后者的观点，即人只有通过自我否定才能思考神，在一种忘我的出神状态中接近上帝。他的导师施道比茨也是一位有神秘主义信仰的人。面对路德陷入忏悔却又发现悔罪不够还要继续忏悔的怪圈中不能自拔，他教导路德说，专注一个一个的罪只会使他烦恼绝望，应该将对个人的罪的关注转移到人的本质上。他还让路德明白神秘主义的基本思想，要路德学会谦卑和顺从，多注意十字架上的耶稣基督，感受上帝的爱。经他的介绍，路德知道了陶勒的作品，还接触到以陶勒的名义流传的讲道集。1516年，路德整理出版了它们，并将之命名为《德意志神学》。该书论述了顺从或放弃自我，有罪的和不顺服的亚当的必死性以及做新人的方式，即像基督一样让上帝在我们里面做工。路德并不满足于这个节选本，两年之后，还出版了完整本。他称赞陶勒是最伟大的神学家之一，说陶勒的讲道词是"纯粹而坚固的神学"，甚至在1518年为其《九十五条论纲》辩护时还说从陶勒那里学到的东西比从其他经院哲学家那里学到的东西多得多。路德对陶勒的赞美一直保持到终生，路德从他那里学到了软弱无能的人必须完全依靠上帝，在上帝面前要谦卑。

不过，从上述内容可以看出，虽然神秘主义看似标新立异，与经院哲学差异很大，但是事实上，它们在本质上并无根本差异，脱离不了依靠诸如谦卑之类的善工得救的套路。虽然神秘主义主张与基督结婚，融合为一体，但是并没有突出作为恩赐的信仰的中介作用和上帝的恩典及其降卑、道成肉身为人舍命，而是认为要通过个人的努力，譬如谦卑、顺从，放弃自身。它们强调与上帝合一不但抹杀了上帝与人之间的区别，而且完全忽视了耶稣基督的中保功能，人无须他就能直接接近上帝。

总之，上述传统给路德提供了很多有益的东西，譬如回到《圣经》和教父著作，人有良知，要做善工，在上帝面前要顺从和谦卑，从以自我为中心中抽离出来，将自己放下。这些从世俗的角度看无疑都是值得称道的好东西，然而在人的拯救和如何面对上帝审判的问题上都是微不足道的，在上帝眼里一钱不值。人根本无法做这些事情，即使做到了也不能逃脱严厉的上帝的审判。人只有在称义，与上帝确立起正确恰当的关系之后才可能有善工，而在此之前，人试图依靠自己的善工达到上帝的最低要求，进而赢得救恩的做法是愚蠢的，那不但不能赚取救恩，相反会令上帝愤怒，使自己罪上加罪。只有在认识上发生一次彻底的颠覆，重新认识上帝与人所处的真实关系，人才能获得拯救，而上面的诸种价值才能在一个新基础上得到肯定和认可。

路德在获得圣经博士学位之后担任了很多职务，他不但要管理和督导自己所在的修道院的宗教仪式，而且作为教区的诸多奥古斯丁修道院的主管要经常巡视和监督它们，同时，作为牧师，他还要经常在维滕堡的教堂讲道。当然，他在维滕堡大学获得《圣经》教席之后还要承担繁重的教学研究。此时，他不可能像过去那样在修道院修道，独自进行灵性的争战，与上帝摔跤，也不可能碰到精神危机就向施道比茨这样的属灵导师请教，作为牧者和老师，他必须怀着坚定的信仰，用清晰的话语向平信徒和神学生宣讲上帝的话语，讲解基督教的神学，为他们答疑解惑。但是他自己在信仰上争斗不已，沮丧、彷徨、绝望，他如何能做到这一点呢？事实上，宣道和教学的重担使得路德更加勤奋地学习思考，对他过去所接受的神学教育和个人的属灵争战作出彻底的、全面的反思，以便找到精神的出路，能安顿自己的灵魂，履行自己的职责。

塔楼体验　形成突破

正如前述，路德一直以来关注的核心问题就是：人如何才能面对公义的上帝，站立在他面前？这个问题用神学术语表述就是称义的问题：人如何与上帝建立起正确的、公义的关系？或者说，个体自我如何才能被上帝视作义人，获得拯救？对于此问题，前面所述的传统，尤其是经院哲学提出了上帝与人立约的解决方案：上帝与人定下了盟约，只要人尽其所能，那么，他就能获得上帝的救恩。"尽其所能"这个前提条件就是爱上帝胜过一切，谦卑，信仰，悔罪，依据良心行事，等等。这个方案的特点是：第一，在对上帝的形象和义的理解上，它认为上帝具有循序能力，是完全信实可靠的，必然信守其应许。只要人满足他的条件，他就会履行约定，赐下救恩，并且这意味着上帝的义是主动的义，是上帝的一种属性和他用来审判人的标准。他是严厉的审判官，依据人的行为来审判人，只要人不能满足盟约的先决条件，他就会定人的罪。第二，它虽然指出上帝的恩典是得救的前提条件，但是又强调神人合作，恩典不会白白地赐给人，人需要努力，需要履行一定的责任，满足与上帝所立的盟约要求，才能获得救恩。而这就有了第三点：预设并且相信人有能力履行盟约规定自己要承担的义务和责任，满足上帝的要求。

作为一个受过良好的神学训练且在灵性上试炼多年的人，路德充分意识到了这个方案的关键：它对人的能力持乐观态度，认为人有能力履行盟约所规定的义务，成全律法和做善工，赢得救恩。但是他的亲身实践告诉他，人根本没有力量满足上述条件，譬如在神父面前告解，彻底认罪，但是人非常软弱，易于犯罪，因而认罪总是没有尽头，并且人因为犯罪成性，所以对它司空见惯，熟视无睹，很多时候犯了罪都没有意识到自己在犯罪。既然没有认识到，认罪时就会遗漏很多罪，神父就无法宣告赦免这些罪。但是最糟糕的是，认罪行为本身就是一种犯罪的行为。认罪者往往抱着逃脱上帝审判的自私念头，无意识地或者故意隐藏自己的罪，抱有这种想法的人认为上帝察觉不到自己的罪行，而这本身就是罪；另外，即使人能彻底认罪，但是他并没有放弃自私和以自我为中心，仍然相信凭借自己的努力，通过认罪，就能逃脱审判，保全自己。这种不信靠上帝，而相信自己的能力的做法本身就是罪。

　　认罪如此，谦卑、顺服、爱上帝等一切善工也是一样，因为人自堕落之后就是自私的，以自我为中心，在凡事上寻求自己的好处，这些善工也是从自我出发，为自己谋利，人根本不能像比尔要求的那样尽其所能，成功"对付内心的邪情私欲"，根本不能凭借自己的力量爱上帝超过一切，人爱上帝也是从自私自利的角度出发，试图利用上帝。人的谦卑和顺服根本不是真正的谦卑和顺服，而是不顺服和主动的叛逆，它们反映的不是人的德性，而是罪性。总之，从作为严厉的审判者的上帝的角度看，人所做的一切自以为美好良善的事情没有一件是公义、真实、圣洁的，都是不义、虚假、污秽的，人极其自私和软弱无能，永远不能将自己感到满足和称道的东西献给圣洁、公义的上帝，成功经受他的审判，并获得救恩。

　　既然人永远都无法手捧自己的德行和善工来到上帝面前，

领取救恩的奖赏，那么，上帝就必然根据盟约公正地对待人，定人的罪。这个结局是凄惨和令人绝望的。虽然导致这个结局的原因不在上帝，并非因为他不遵守盟约，而是因为人根本无力满足盟约的要求，但是罪人却会觉得上帝一开始就设定了一个骗局：看似恩待罪人，与其订立盟约，只要人满足他提出的条件，就赦免人的罪，然而这个条件是罪人本身无法做到的，相反只有罪得赦免之后才能做到。但是如果罪已得赦免，又不需要上帝来与人立约。因此，罪人就会痛恨上帝的义。

　　路德在去世前一年为其拉丁文著作集所写的前言中深情地回顾了他当时的感受，在这个被频繁引用的著名文段中，他说因为接受当时的经院哲学对上帝的义的理解，即将上帝的义看作上帝本身的义，他为此而痛苦绝望，憎恨上帝的义："虽然我过的是修士的生活，是无可非难的，但我还是觉得自己是罪人，在上帝面前自感良心不安，我也不相信我能够用自己满意的东西来取悦于他。我不爱（事实上，我恨）那位刑罚罪人的公义的上帝，我不是用沉默的亵渎，就是喃喃地抱怨。我生上帝的气，对他说：'人会因为原罪而受到永恒的诅咒，因为旧约律法而承受各种灾祸，这还不够悲惨吗？上帝竟然借着福音让人愁上加愁，还要他们忍受他的震怒和公义。'我如此逼到自己几乎疯狂，良心大受干扰……"

　　碰到路德所遭遇的这种情况，人们不外乎有两种选择：要么干脆放弃对上帝乃至对有神论的信仰，要么就改变对上帝的义的认识，重新寻找人与上帝的和解之道。显然，路德选择了后者。绝望之处有盼望，他发现自己过去专注于上帝主动的义，即他严厉的审判，而不是他被动的义，即尽管人罪孽深重，不能承担盟约所规定的义务，必然会被上帝定罪，但是上帝满怀慈悲和怜悯，他将公义赐予人类，将人看作义人，赦免人的罪。依据前一种观念，尽管上帝有怜悯和恩典，与人立约，但是人只有满足条件，做善工，成全律法，才能得救，而依据后一种观念，上帝不但与人立约，而且还知道人根本无法符合那些条件，人靠自己的努力和行为不能称义，于是他亲自提供了盟约所要求的条件（信），将它赐给人，让人凭借他的恩典因信称义，顺利地领到救恩，并且在被称义之后真正做善工。从前一种观点出发，人只会看到上帝的义及其严厉的审判，而从后一种观点出发，人就能在上帝的严厉和公正之处看到他的仁慈、怜悯和恩典。

路德的这个发现成为著名的"宗教改革的突破"或"塔楼体验"，据说是他在奥古斯丁修道院的塔楼上苦读经书和冥思苦想却不得要领，最终突然顿悟而产生的结果。尽管路德说这个发现是在 1519 年，但是很多学者依据他思想发展的轨迹并不认可他自己的说法，相反认为他是在 1515 年左右思想发生突破。不管怎样，路德在苦苦求索中终于有了发现是不假的，他回忆说，当他读到《罗马书》第 1 章第 17 节时，他终于明白"'上帝的义'是指被动的公义，亦即慈悲的上帝借着此公义使我们因信而得以被称为义，如经上所记'义人必因信得生'，义人借着上帝的恩赐（亦即信心）而得生"。因为这个想法，他就发生了改变，犹如重生了一般，好像穿过敞开的大门进到天堂里面，他过去憎恨"上帝的义"，现在却爱之如命，视之为最甜美的词。他在随后的《关于两种义的讲道》《关于三种义的讲道》以及晚年所写的《〈加拉太书〉注释》中对"因信称义"作了更清晰的解释。

但是因信称义并非路德的独创，《圣经》明确谈到了它，而经院哲学家同样强调因信称义，不过他们对它的理解仍然难脱前面的善工得救的路数。在他们看来，因信称义就是上帝将救赎的恩典赐给人，人借着信基督，并配合以爱心和善工来领受救恩，通过洗礼被上帝除去他的一切罪，由罪人变成义人。

具体而言，信与其他善工一样是人自身的能力发出的主动行为，人凭借它称义。义是指上帝的主动的义，即上帝是公义、公正的，赏善罚恶，审判人，定人的罪。称义就是上帝因为人信基督和领受了洗礼而称人为义人，除去他的一切罪，于是，有信之人就发生了内在的改变，因被上帝称为义人而成为义人，身上的罪被清除，不再是罪人。不难看出，这种理解在拯救的根据上，虽然肯定上帝的恩典，但是非常强调人的合作和配合。人凭借自己的能力（信）能够经受上帝的审判，成为义人，并且非常强调称义的结果，人因称义而成义，不再是罪人。

路德认为对因信称义的理解关乎教会的生死存亡。粗略地看，他的因信称义的含义是：上帝的恩典唯独借着人对基督的信，而不是因为人的德行赐予人，人因信基督而被上帝称作义人，并且在称义之后借着信心做善工。这似乎与经院哲学的观点差异不大，但是人们一旦看到他的具体论述，就会发现根本的差异。

人罪孽深重，根本无法施行任何善工，成全律法，因而无法满足作为公义的审判官的上帝的要求，也就不能获得救恩。如果信是人称义所凭借的能力或品行，那么，它就如同前面所说的其他善工一样，仍然包含着人自私的欲望和倾向，无法满足自己按盟约必须达到的要求，因而不能称义。但是上帝直接为人们预备了一切，将信作为礼物赐给人，使它成为罪人领受他恩典的管道或器皿，罪人无须努力和尽己所能做事，只因为信而白白地被称为义，通过它而领得救恩。信不是对知识的相信或者对教义的认同，而是完全把自己的整个生命交托给上帝的信仰，完全信靠耶稣基督，确信他为自己而死，并且唯独借着对他的信靠才罪得赦免，获得新生。信将信徒与基督联系起来，基督为人死，用他的义遮盖了人的罪，使他的义成为罪人的义，因而有信心之人就罪得赦免。

义不是人的一种品质或属性，而是与上帝处于正确、公义的关系之中。人自堕落之后，本性已经败坏，因而人本身不是义的。上帝的义不是指上帝主动的义，即他本身是义的，他作为严厉的审判官定人的罪，而是指上帝被动的义，他白白地恩赐给罪人一种礼物，将罪人看作义人，即尽管人罪孽深重，必然被定罪，但是上帝满怀慈悲和怜悯，将基督里的义恩赐给人，用他的义遮盖人的罪，凭借它，罪人在上帝面前被悦纳和称义。当然，上帝主动的义和被动的义也并不是对立的，而是关联和统一的。上帝主动的义是为了实现上帝的被动的义，前者将上帝显现为严厉的审判官，使人认识到自己的罪靠己力无可战胜，因而虚己，倒空自身，甘心领受上帝的恩典，于是，上帝被动的义就显现出来了，因而在上帝最严厉和公正的地方恰恰显示出他的仁慈、怜悯和恩典。

因信称义的称义是指外在的义，即被上帝归算为义，在上帝眼中是义的，而不是内在的义，即自身是义的，在自己眼中和自我评价中是义的。人自身是罪人。然而因为上帝的恩典借着信，而不是借着人自身的品质和行为，所以人外在的是义人，被上帝算作义的，或者说在上帝眼中是义人。信徒在自己的意识中觉察到自己是罪人，然而与此同时不知不觉地被上帝算为义人。因此，称义对人而言是被动的，而上帝是主动的，上帝将人算作义的。称义是上帝宣称人是义的，而不是赋予了人义的属性。在人眼中，人仍然是有罪的，生在罪和不义中，死在罪和不义中，然而在上帝眼中是义人。因为人完全承认自己的不义，恳求上帝的恩典和怜悯，所以，满怀恩典的上帝愿意将他看作义的，借着他对道的信仰，将义归给人。

由此，路德提出了基督徒"同时既是罪人又是义人"（simul iustus et peccator）的著名观点。为了说明它，他举了一个生动形象的比喻：一个人生了病，他相信那个许诺让他完全康复的医生，对他所许诺的康复充满盼望，并且服从这个医生的指示，戒绝那些他要求他离弃的东西，以防它们阻止他获得医生所许诺的康复。这个病人现在是健康的吗？这个问题不好轻易回答是还是不是，只能说他实际上既患着病又在康复。他事实上仍然有病，不过他会按照医生的许诺而康复，他相信医生，而医生也会把他视作已经康复了。基督徒的情况与此类似，他在事实上是罪人，但因为上帝确实已经将基督的义归算给他，并且还应许继续使他从罪中解脱出来，直至他完全解放，成为义人，所以他是义人。因此，基督徒实际上是罪人，但是在盼望中是义人，在人的眼中是罪人，但是在上帝眼中和他的应许中是义人。为了帮助学生理解称义的本质，路德甚至用他已经开始鄙视和抨击的亚里士多德的术语来解释罪与义的关系："人总是在不存在、生成、存在的状态中；总是在匮乏、潜能、实现的状态中；总是在罪、称义、义的状态中，即总是罪人、悔罪者、义人。"

在称义的问题上，路德的思想不但与罗马教廷的正统主张不同，而且也与奥古斯丁的观点不同。正统的观点认为称义去除了人的罪性，使之转变为义，得以重生，但是路德认为称义只是改变了人在上帝面前的地位，人被上帝算作义人，人称义之后仍然有罪，直至死亡，进入天堂后才能重生，彻底改变罪的本性。尽管路德非常推崇奥古斯丁，当奥古斯丁的全集刚出版时，他就如饥似渴地阅读起来，获益匪浅，但是在那个导言中，他指出他欣喜地发现奥古斯丁在《精义与字句》中说上帝的义是指我们因为上帝的义而得以称义，他在称我们为义时赐给我们义。但是路德指出这个说法并不完全，并且没有将"归算"解释清楚。

在称义观上的这种差异具有重要影响，这可以从对圣徒的理解看出来。罗马教会宣称圣徒是义人，并且因为其功德绰绰有余，所以教会建立了功德库，人们符合教会的要求就可从该库中支取功德。但是路德在其《罗马书》讲义中说，圣徒与其他人一样因为相信基督而被上帝算作义人，他自身也不能遵行律法，免不了自私自利，因而也是罪人。那么，圣徒与一般的人的区别在哪里呢？圣徒认为自己是罪人，永远留意自己的罪，他们饥渴慕义，信靠满怀慈悲和怜悯的上帝，盼望他的恩典，他们因此永远是外在地称义，在上帝眼中是义人，而一般的人则总是轻看自己的罪，自以为义，因为充满了自己的义、真理和智慧，便不可能领受上帝的义、真理和智慧，被它们充满，所以在上帝眼中永远是罪人。因为圣徒也是罪人，他们被上帝算为义人只是因为他们认识到自己罪孽深重、一无是处而完全信靠基督，所以他们是没有功德可言的；即使他们有功德，他们也不敢自专，将它据为己有，而是将功德归给上帝，承认那是他们信靠的基督在他们身上做的善工。既然如此，圣徒的功德库的说法是错误的。如此一来，罗马教会就丧失了一个控制信徒和敛财的重要手段。

在完成突破之后，路德的神学理论已经与经院神学泾渭分明。为防止学生受经院哲学的毒害，他与同道一起在维滕堡大学推行教学改革，砍掉了有关亚里士多德和经院神学家的著作的课程，甚至一度将逻辑和辩论都取消，授课的内容完全是《圣经》以及早期教父，尤其是奥古斯丁的著作。按照他自己的说法，如果教授不教这些东西，那么他休想招到学生，饭碗会保不住。尽管这样的改革计划不能推广到其他地方，但是路德非常自豪地说："我们的神学和奥古斯丁的神学占据主导地位。"为了方便学生学习《圣经》，他还邀请了精通古希腊文和希伯来文的梅兰希顿来校任教，而梅兰希顿后来成为他的得力助手和继承人。

在指导学生京特撰写学位论文时，路德为他撰写了论文提纲《驳经院神学论纲》。在这个提纲中，路德尖锐地抨击了作为经院神学之基础的亚里士多德的哲学，宣称除非抛弃它，否则没人能真正成为神学家，亚里士多德的所有哲学都是黑暗的，而神学就是光明，断言一个不是逻辑学家的神学家是危险的异端本身就是险恶的异端言论。他依据他的发现在人的意志、律法与恩典、称义与善工等问题上提出了与经院神学针锋相对的看法，初步确立了他自己随后将在《海德堡神学论纲》及其证词中更详细陈述的福音神学和十字架神学。

依据路德的发现，在上帝面前，人不是因行善而称义，而是被称义之后才能行善。一旦以经院神学的善工得救之说为理论基础的举措乃至闹剧横行于世时，捍卫真道的路德就必然会喷发出怒火，猛烈抨击这些丑恶的行径，于是冲突就不可避免，而点燃那团怒火的就是兜售赎罪券的事件。

第3章

坚贞不屈 抵制“权威”

正如当路德的思想在酝酿转变时，那场雷暴雨帮他完成了人生的转折一样，他的思想此时已经初步形成，而借着兜售赎罪券一事，他初露锋芒，掀开了宗教改革的序幕。但是他当时并没有充分意识到他的发现所具有的颠覆性力量及其与罗马教会教义和实践的尖锐冲突。因为忠诚于教廷的神学家和神职人员顽固地坚持兜售赎罪券这一违背信仰的丑恶行径的合法性，并总是拿教皇的权威来压制路德，逼他就范，所以，他不得不进一步深化和扩展自己的发现，彻底反思中世纪的一整套教义和信仰实践，将对兜售赎罪券这一件事情的质疑发展到直接质疑教皇，乃至大公会议的权威地位和正确性，只承认《圣经》是权威，由此走上了与罗马教会决裂之路。

《九十五条论纲》：新时代的宣言

1517年，教皇列奥十世要修建罗马圣彼得大教堂，然而他的教廷财力亏空，根本拿不出钱来进行这一规模浩大的工程，于是他出售神职，将美因茨大主教的位置卖给霍亨索伦家族的阿尔伯特。这个年轻人尚未达到拥有教区的年龄，但是已经通过买卖拥有了马格德堡大主教和哈尔伯施塔特主教两个职位，不过他还不知足，又想做美因茨的大主教。但是他也没有钱，于是向德意志的新贵富格尔家族的银行借贷。作为补偿，教皇准许阿尔伯特在其领地内出售赎罪券，所得收益一半供他还贷，另一半归教皇所有。三方各取所需，这在当时似乎并没有什么不妥。

阿尔伯特此次委任对出售赎罪券非常在行的台彻尔兜售赎罪券。这位特使利用人们对已故亲人的思念和感恩之情大肆宣扬炼狱之苦："听听你们去世的亲人的声音，他们在呼唤着你们，喊叫着说：'可怜我们吧！可怜我们吧！'你们只要花一丁点钱，就能救他们脱离这个可怕的苦刑。"并且还激起他们的道德感和责任感："我们怀你们，生你们，养你们，把你们带大，又把财富留给你们，现在你们却忍心不肯花少量的钱来拯救我们。你们要让我们躺在火焰中？你们要使我们延迟得到应许的荣耀吗？"在说完这些极尽煽情之能事的话语之后，他就开始伸手要钱："只要买赎罪券人的钱币落入铜筒'叮当'一响，他的已死家属的灵魂就会马上从炼狱飞升上天堂。"

事实上，发放赎罪券并没有推广到路德所在的维滕堡，因为萨克森选侯"智者"腓特烈禁止在他的领地内兜售赎罪券，他正准备在万圣节时开放圣徒遗物馆，赚取大量金钱。尽管如此，路德的教会的信徒只要走出不远，就可以买到赎罪券，这令他非常愤怒。实际上，早在台彻尔兜售赎罪券之前，选侯本人就向其臣民兜售圣徒遗物，以收取金钱作为王国的收入，支持教育和公共事业。尽管路德所在的大学受到了选侯的资助，他本人获得博士学位也多亏他出资，但是他仍然在公开场合批评选侯的这种做法。这次兜售赎罪券活动声势尤其浩大，影响深远，台彻尔巧舌如簧的言论甚至使一些信徒认为购买了赎罪券之后他们就不需要担心他们与上帝的关系了。这种通过金钱与上帝沟通和和解的方法令路德忍无可忍，作为虔诚的信徒、教会的牧师和博士，他担心这会败坏信徒的属灵生活，有碍教会的健康发展，于是写下了拉开宗教改革序幕的《关于赎罪券效能的辩论》。因为它有九十五条，所以人们习惯上称它为《九十五条论纲》。对台彻尔对赎罪券的功效极尽吹嘘之能事的做法，路德提出了批评："那些说钱币一叮当落入钱筒，灵魂就超脱炼狱的人，是在传人的捏造。"他说赎罪券不是最大的恩典，而是最大的牟利工具，并警告那些购买者："那些因持有赎罪券而自信得救的人和他们的师傅将永远一同被定罪。"

路德最初用拉丁文撰写了这篇短文，据说他亲自将它张贴到维滕堡大教堂的北门上。按当时的习俗，在教堂北门上贴文章，就表示张贴者要寻求公开辩论，以便澄清和阐释真理。因此，读者应该是很少的，仅仅局限于少数的知识分子。但是令路德始料不及的是，人文主义者迅速将该论纲译成德文，大量印刷并四处散发，不到两周，整个德意志都争先恐后地阅读这篇论战性檄文，短短一个月的时间，整个西欧就都知道了。

德意志在政治上四分五裂，处于分裂割据状态，由众多大小不一的公国（公爵和侯爵的领地）、主教区、伯爵和男爵的领地、骑士领地以及自由城市组成，譬如路德的父母所处的曼斯菲尔德伯爵领地就非常小，以人们用一天时间就可以绕着该领地走一圈而闻名。政治上的分裂和经济上发展的不平衡导致了德意志国力衰微，无法用一个声音说话，而教皇正好利用这点来瓦解德意志诸侯，各个击破，使他们无力反抗，逆来顺受。德意志饱受教皇压榨，每年被罗马教会搜刮走的钱财不计其数，因而获得了"教皇的奶牛"的绰号。对于这次声势浩大的兜售赎罪券的活动，有识之士深表怀疑，认为是罗马吸血鬼打着宗教的旗号实施敲诈勒索。路德的檄文道出了德意志各阶层的心声，宣泄了他们长期压抑的不满情绪，响应者云集，因而不但兜售活动大受打击，而且虔诚的宗教信徒与腐败的罗马教廷、德意志民族与教皇的矛盾也由此激化，一发而不可收，遂导致了后来的轰轰烈烈的宗教改革运动以及罗马教廷针对此而发动的反宗教改革运动。

后来的宗教改革摧毁了作为赎罪券之理论基础的圣礼制度，只承认洗礼和圣餐是圣礼，否定善工得救，而强调因信称义和上帝的恩典，否定教皇的权威，而只承认《圣经》的权威。但是在论纲中，尽管路德批判了兜售赎罪券的丑行，然而并没有否定教皇的赎罪券本身，还承认它的效力，宣称教皇的赦免不可藐视，地方的主教和神父必须毕恭毕敬地接纳教皇赎罪券的代理人，并且教皇有权威胁那些图谋破坏赎罪券交易之人。他只是反对滥用它，夸大赎罪券的功效，尤其是在救赎赦罪的事情上，认为靠赎罪券得救是无用的，它在这方面的功效微不足道。他也承认悔改的作用，认为基督徒只购买赎罪券不能获得救赎，还需要痛悔，只要真悔改才可以脱离惩罚和罪债。他承认教皇有权发售赎罪券，还为教皇在赎罪券一事上辩护，说尽管台彻尔之流兜售赎罪券行径卑劣，祸害百姓，但是教皇的旨意是美好的，他并不贪图信徒的财物，而是希望他们借此虔诚祈祷，如果按照教皇的意旨和精神宣讲赎罪券的功效，那么这些丑行就会避免；教皇是仁慈善良的，如果知道宣讲赎罪券之人的榨取，他会同情那些被骗购买赎罪券的穷人，要把钱赐给他们，宁愿将圣彼得教堂拍卖掉或烧掉。并且，他还盼望教皇主持公道，威胁那些以赎罪券为口实图谋破坏神圣之爱和真理的人。路德的上述观点与罗马教会的正直之士的主张并没有多大的区别，一些教会人士认为它并没有什么叛逆之举。

但是路德在陈述上述观点时确实又夹杂着自己的一些偏离

了教会的教义、传统和律例的主张，它们是一个新时代的宣言，促成了他与罗马教会的最终决裂。路德指出，一切都取决于上帝的恩典。上帝是仁慈有恩惠的，所以即使一切基督徒，无论是已死的，还是活着的，没有赎罪券也完全可以脱离惩罚和罪债，分享基督和教会的一切恩惠。使灵魂超脱炼狱是上帝的权柄，教会只能代求。教皇的赎罪券不是上帝使人与自己和好的无价恩赐，它与上帝的恩典和人对十字架的虔诚相比微不足道，甚至连最小的罪债也不能除去。如果人们宁愿花钱去买赎罪券而不去帮助有需要的人，那么，他们只会引起上帝的愤怒，并且人们容易因赎罪券而丧失对上帝的敬畏之心。他还模仿有学问的信徒的口气对兜售教皇颁发的赎罪券的活动提出了尖锐的批评，指出其自相矛盾之处。

对于神职人员，路德承认他们可以代表上帝，但是赦免人的罪债的权柄在于上帝，他们只是宣布而已。教皇具有的恩惠只是福音、德行和医病的恩赐，他没有钥匙权，除了免除凭他的权柄或凭宗教法所强加于人的惩罚之外，并没有权力免除炼狱里的灵魂应当在今生受的惩罚，赦免任何罪债，而只能用代求来免除炼狱中灵魂的罪，只能宣布和肯定罪债已经得到上帝的赦免。在这一点上，教皇并不比一般的神职人员更有能力，他的赎罪券无法使人得救，免除地狱之苦。因此，宣称赎罪券贩子所竖起的饰有教皇徽号的十字架与基督的十字架具有同等的效力是渎神的。反对赎罪券贩子的胡乱宣讲的人是有福的，如果平信徒对赎罪券提出诘问和抨击，那么，不能用教皇权来压服，而要用理智解答，否则教会和教皇必然会遭耻笑。对于教皇颁发赎罪券所凭借的教会的宝藏，路德也提出了质疑：首先，它的根据悬而未决，基督徒并没有充分商讨过它，也没有普遍理解它；其次，它既不是世上的宝藏，因为它要求人出钱，也不是基督的功德，因为如果是，那么它没有教皇相助也能使人内心增加恩典，将肉体交给十字架和死亡；最后，圣徒与一般人一样没有能力留下任何功德，而基督有功德，但是他的功德白白地给人，不会收取金钱。事实上，教会的真宝藏乃是彰显上帝的荣耀和恩典的神圣福音，而它与赎罪券没有任何关系。

上述现象表明，路德尽管有了新发现和他所说的"我们的神学"，但是他还没有依据他的这一发现和理论全面审视基督教现有的理论以及日常的信仰生活和实践，使二者建立起有机的联系，没有意识到他的这一发现与传统的信仰实践和理论之间的根本对立和不可调和性，而只是就事论事，更多的是作为一个虔诚的牧师和教会的博士从信众的信仰生活的角度来思考问题，防止纯正虔诚的信仰被污染。这也使得路德没有觉察到他与当时的神职人员乃至罗马教廷和教皇有着根本的对立和矛盾，他并不是一开始就试图振臂一呼，与教廷决裂，开宗立派。事实上，直到晚年，他还抱怨，教廷的有见识的权威人士没有及时制止台彻尔的丑行和对他的攻击，以至于最后出现巨大的混乱和分裂。与其他改教家不同，分裂对他来说实属无奈之举，他仍然坚持教会的统一。

但是出乎路德意料的是，他的论敌肆意批驳他的观点，并不将论争停留在赎罪券本身，而是将问题引到发售赎罪券的根据和权威，即教皇的权柄上，总是用教皇的权威来攻击他，压制他，用教皇做挡箭牌来护卫罗马教会的种种离经背道之举，由此激发在坚持真道上毫不屈服的路德依据他的发现彻底深入思考信仰的权威问题以及与之相连的圣职观、教会观和圣礼观，越来越清晰地意识到他们的差异不可调和，不否定教皇的权威、不与罗马教会决裂就不能够捍卫真道和福音，那么另起炉灶就成了他迫不得已的选择。事实上，在论纲发表半年之后，经过与外界的思想碰撞和海德堡论辩，路德在解释他的论纲时思想就变得更明确，从更广泛的神学和教会的角度思考赎罪券，熟练地运用他的神学来解释他对赎罪券、信仰的权威等问题的看法，反对包括赎罪券在内的任何善工具有救赎功能。

海德堡论辩：十字架神学的提出

包括教皇在内的教廷高层与路德一样，当时并没有意识到论纲的潜在威胁和危险性，教皇说它不过是德国一个喝醉了酒的修士的呓语，等他醒了之后，就不会瞎嚷嚷了，而教廷的不少高层人士甚至认为那不过是多明我会与奥古斯丁修会之间的斗争而已。但是因为赎罪券买卖一落千丈，各地反抗教廷的声音高涨，与路德所属的奥古斯丁修会不合且在教廷掌握实权的多明我会对路德极其仇视，力主铲除"异端"，所以教皇撤换了奥古斯丁修会的会长，要求奥古斯丁修会自行解决路德的问题，罢免他平生担任的最高职务——图林根地区奥古斯丁修道院的监督，以此警告和惩戒他，让他闭嘴。教皇的这一旨意最后传达给了奥古斯丁修会德意志分会会长施道比茨。

德意志奥古斯丁修会每三年举行一次修士大会。在例会上，各地神父述职，大家会协商处理修会内部的一些事务，除此之外，还会举行学术辩论，为修会自认为是其创始人的奥古斯丁的学说辩护。按例1518年的大会将在4月25日召开，路德作为修会成员和神父理当前往述职，并且他还被指定为辩护人，将在大会上发言。施道比茨将教皇的旨意传达给了会议，不过修会的弟兄似乎对此并不太在意，很多人认为多明我会不公正地对待了自己的弟兄。施道比茨保护了路德，让他澄清自己的神学观点，消除修会弟兄的误解，但是为避免引起争论和敌意，他要求路德只对其《驳经院神学论纲》中涉及的有关罪、人的自由意志和上帝的恩典的言论展开辩论。因此，那些希望路德这位因其反对赎罪券的论纲而闻名于世的弟兄在大会上谈论赎罪券的人肯定会失望，因为他根本没有谈论当时争论激烈的赎罪券问题，不过这提供了机会，使得人们知晓了他的神学观点。

路德的《海德堡神学论纲》共有四十条，前面的二十八条论述神学，剩下的十二条论述经院哲学。在哲学论纲中，他严厉地批判和贬低亚里士多德承认物质是自生的、不受限制的观点，而褒扬柏拉图，并指出运用亚里士多德的哲学来解释神学对灵魂有害。在对辩论所作的声明中，路德指出不仅《圣经》和神学著作，甚至自然哲学都不能从亚里士多德那里获得帮助。

除了列出神学论纲之外，路德还简明地陈述它们的含义，并具体解释第六条"人的意志在恩典以外是自由的还是受捆绑的？"人的意志的问题是他始终关心的话题，他对它的最集中的论述出现在后面将要论述的他为了回应伊拉斯谟的《论自由意志》而作的《论被缚的意志》一书中。下面的论述主要考察了神学论纲部分对如下问题的解答：人的意志是自由的还是被捆绑和束缚的？律法与恩典是何关系？因行善称义还是唯独因信称义？称义与善行是何关系？十字架神学（theologia crucis）和荣耀神学（theologia gloriae）是什么？有何区别？

路德赞同奥古斯丁的观点，认为人在堕落之前，其意志是自由的，能够自主决定行善，但是堕落之后，人的自由意志只是徒有虚名，因为此时它被罪捆绑和奴役，只能去作恶，而不能选择从善。既然罪人的意志被罪捆绑，处于罪之下，而罪的代价是死亡，那么这种意志所做的工作纵然表面上看非常美好，然而都是恶的，犯了致死的罪，根本不是善行。

律法本来是关于生命的最美善的教导，是神圣、无瑕、真实、公义的，是上帝赐予人的一种人凭借其天赋能力不能达到的援助，用以推动人去行善，但是人在这种援助和外力的帮助下并不能行善，因为人的意志已经败坏，极其自私，在每件事情上都追求自己的目标和荣耀，不敬畏上帝，肆无忌惮地夺取本当是上帝的荣耀。既然人无法做善工成全律法，而律法又必须成全，那么这必然导致上帝对人产生愤怒，审判人，定他罪。因为人在律法之下总是被定罪，所以律法成了罪和死的律。这样一来，人就会彻底绝望，不再对一切受造物有信心。但人是否就完蛋了呢？不是。当人对包括自己在内的一切受造物感到绝望，承认自己所做的都是致死之罪，不再指望凭借己力获得救赎时，上帝就会认为这些罪是可宽恕的，将救恩白白地施舍给人。上帝的恩典充当了调和人的意志与上帝的律法的中介。但是上帝的恩典如何赐给人类呢？不是行善和遵行律法，而是凭借信基督而称义。信心使人与基督结为一体，合而为一，彼此拥有和承担对方的一切。人充满了罪恶而基督本身是圣洁、无罪的，但是借着信心，基督承担了人的罪过，而有信心之人则享有基督的圣洁，脱离律法的诅咒和定罪。既然人摆脱了律法的限制，不会违反律法而犯罪，因而也必然不会按律法而被灭亡。

　　人罪孽深重，不能靠行善和遵行律法而称义，而基督是神，能够成就上帝的一切诫命和律法，因而人借着对基督的信心而称义，并且能成就他过去不能实行律法所要求的事情，行善，成全律法。具体而言，因为信，基督就活在他的信徒之中，而信徒成了他的器皿，他会鼓励和推动他们去做善事，而他们因为对他成就了上帝所命令的一切怀着坚定的信心，并感念他给予他们的恩典，所以会以他为楷模，诚心实意地追随他，效法他。因此，因信称义之后的人所做的工不是出于人自己，而是出于上帝，而上帝做善工岂能不成，律法岂能不成全？

由上可以看到律法与恩典的辩证关系。首先，二者存在着很大的差异，使人处于不同的状态：律法带来上帝的愤怒，使所有人都处在诅咒之下，令他们恐惧绝望，而恩典带来怜悯，使人因信称义，充满希望；行善和遵行律法不能使人称义，相反，人借着上帝的恩典和对基督的信心就可以称义；律法规定人"要做此事"，然而该事却从未成就，相反，恩典要求"如此相信"，而各种事情都会成就；律法使人全然降卑，对自己彻底绝望，倒空自身，而上帝的恩典使人升高，充满了对救恩的盼望。其次，二者也存在着关联：人不能凭借己力行善和遵行律法而称义，而借着恩典和对基督的信心称义，并因为信才真正行善和成全律法；律法的存在不是让人成全它，借以自夸，相反，是让人知道凭借己力，人无法做善工成全律法，人的行为只会招致上帝的愤怒和审判，这样，人就会清醒地意识到自身罪孽深重，根性败坏，对自己绝望，跪下来向上帝忏悔，祈求他的恩典，把希望寄托在作为人的救恩、生命和复活的基督身上。总之，律法使人绝望认罪，而绝望使人祈求恩典，认罪会导致谦卑，而谦卑就能准备接受恩典。

　　人通常都崇尚自由，信赖己力，歌颂自信和自力更生的精神，但是当人们靠己力获得救赎时罪孽却加重了；相反，人通常贬低无能和自卑，但是当人承认自己一无是处，对自己彻底绝望，转而信靠上帝，将自己全部交托在他手上时，却能获得救赎，攻克己身。人喜欢夸奖和赞誉，希望无须付出辛劳和代价就能享受幸福和快乐，厌恶痛苦和折磨。因此，他们指望大能的上帝眷顾他们，直接赐给他们渴求的东西，并替他们排除一切令他们不悦的阻碍和负担，但是上帝却违背他们的心思意念，他颁布律法，严厉审判无力成全律法之人，定人的罪，将自己显现为严厉的神，不近情理。只有这样才能使人绝望，不再凭己力和所谓的善行如困兽犹斗，徒然挣扎，相反会虔诚忏悔，渴慕救恩，而这时上帝就会在人的呼求和盼望中赦免人的罪，称他为义人。上帝先使人降卑认罪，而目的却是使他成为义人，上帝的这种与人对他本性的理解完全不同的做法却产生了完全合乎他本性的事情，这就显示出吊诡和不可思议之处，违背人的本性、常识和智慧，而这恰恰是路德所主张的十字架神学的特点。在这里，路德首次提出了这个概念，并在以后的著述中进一步深化和发展它。不少学者认为这个概念代表了路德神学的精髓和本质，而路德本人也说"十字架检验一切"和"唯独十字架是我们的神学"。

十字架神学与经院哲学过去所崇尚的荣耀神学相对立。世人看重外在的东西，喜爱自以为是的美善而不喜爱丑恶，并且趋善避恶，趋利避害，好乐厌苦，顺应人的这种习性的荣耀神学就产生了。荣耀神学认为上帝的能力、智慧和善良的荣耀全部显现在他的创造之工上，它喜爱善工而厌恶苦难，喜爱荣耀而仇视象征耻辱和卑贱的十字架，喜爱强大而不爱软弱，喜爱聪智而不喜爱愚拙。与此相反，十字架神学认为上帝隐藏在十字架的苦难与羞辱之下，他在人不堪忍受和厌弃的羞辱、苦难和死亡中启示自身。

因为人的本性败坏，所以他依其习性所行的都是罪恶的，他以为美善的实质上都是邪恶的，而他仇视的十字架和苦难反倒是美善的，然而他却不自知，反而自认为把握到了上帝的旨意，洋洋得意。如果上帝顺应人，那么，人就会始终处于罪的辖制和捆绑之中，在习性和惯性裹挟中前行。世人凭自己的智慧既不认识上帝，上帝就乐意用人们当作愚拙的道理来拯救那些信他的人，在人性期待和顺应人性之处隐藏自身，反而在与人性背离和人性厌恶之处彰显自身，这就是上帝的智慧。为消灭"聪明人"的"聪明"，使人认识真道，认罪悔改，上帝故意违背人的习性和智慧行事，不在人以为上帝强大、聪智、荣耀和华美的地方显示自身，相反在人视为上帝的软弱、愚拙、丑陋、卑微的地方显示自己的爱和智慧。人们看重自己的行为和善工，而上帝反过来只让人们通过苦难去认识他。真正的神学及认识上帝之道存在于被钉在十字架受难的耶稣基督身上。十字架神学家认识到了这一点。他们不像荣耀神学家那样主张透过外显之物来清晰地窥见上帝所隐藏之事，相反主张透过苦难和十字架来理解上帝外显之物，认为除非人从受难的基督的十字架的谦卑和羞辱中去寻找上帝，认识到他的大能、恩典和慈爱，否则无人能在上帝的荣耀和权威中认识他。十字架神学赞颂十字架，厌恶人推崇善工并以此自傲。这是因为，当一个人还没有被苦难的十字架降卑，没有将自己看作毫无价值和一无所有时，他不会将荣耀归给上帝，相反会归功于自己的善行和聪明。但是当他经历苦难而虚己之后，他就不再忙于到处去行善，相反知道他所做的善行并非出于他本人，而是出于上帝，是上帝在他里面做工，要按上帝的呼召行事。因此，如果他行了善，他不会因此自傲，自吹自擂，如果上帝没有借他作任何善工，他也不会感到烦躁，纵然要经受苦难，被十字架引导到卑微的境地，乃至于走向毁灭，也感到满足。

路德的论纲以及清晰的解说为他赢得了不少同情者和支持者，譬如后来成为宗教改革领袖的布塞、布伦茨。布塞尤其尊崇路德，说他问答彬彬有礼，非常精通《圣经》和教父的著作，思想有使徒保罗之遗风，将伊拉斯谟遮遮掩掩的观点暴露于世人面前。

为应付教皇，路德同意了修会的要求，撰文解释《九十五条论纲》，将它和致教皇的道歉信一并呈交给教皇。路德对此行非常满意，毕竟他清晰地澄清了自己的神学，结交了一些朋友。他说，他步行来到海德堡，然而乘坐纽伦堡代表团的车回去。

奥格斯堡会谈：上诉罗马和大公会议

与奥古斯丁修会召开大会差不多同时，多明我会在罗马召开了全体修士大会。与前者仁慈地对待路德这位弟兄的做法不同，后者对路德发起了猛烈的攻击。台彻尔受到了热捧，被教皇授予博士学位，并充当了攻击路德的急先锋，在会上提交了针对路德的《九十五条论纲》而写的《一百零六条论纲》。这年夏天，他还批判路德3月写的《论赎罪和恩典的讲道》，使用了路德的对手随后几年攻击他的非常有效且具有致命性的伎俩：教皇是最高的权威，批判赎罪券就是质疑和批判颁发它的教皇，因而是异端之举。路德的对手敏感地意识到他的观点潜藏着的危险后果，在这一点上他们无疑是高明的。路德本人在写作《九十五条论纲》时以及随后一段时期都没有意识到他的观点必然与罗马教会宣扬教皇的至尊地位的观点冲突，他还力图维护教会的统一和教皇的权威地位。就此而言，路德确实错了。正是在论敌的反复攻击之后，他才认真考察了基督教的权威，踏上了推崇《圣经》是唯一权威，否定教皇的至尊权威，进而与罗马教会决裂的不归之路。对于台彻尔的攻击，路德不屑一顾，批判他不理解《圣经》，"如此卑鄙透顶地骂我，使我觉得仿佛一头蠢驴在向我喊叫"。

多明我会的修士还模仿路德的文章炮制了一个论纲，捏造说它的作者就是路德，然后附上《九十五条论纲》一起寄给多明我会会长、红衣主教卡耶坦。同样也是多明我会成员的教皇神学顾问普列利亚则依据这些材料写了一份《答辩》，指出教皇是至尊的，路德批驳赎罪券是错误荒谬的异端之举。该会在教廷掌握着权力，获得了教廷高层的支持，最终教廷驳斥了路德的主张，还下谕令传唤他，责令他在八十天内到罗马受审。

此时，政治形势于路德有利。神圣罗马帝国皇帝马克西米利安一世年迈多病，命不久矣。选举新皇帝成了教俗两界关注的大事。皇帝想让自己的孙子西班牙国王查理一世继承皇位，而教皇利奥十世担心这会打破欧洲当时势均力敌的政治局面，不愿皇帝的美梦得逞。萨克森选侯"智者"腓特烈是帝国七选侯之一，位高权重，因而成了双方笼络争取的对象，教皇甚至试图支持他做皇帝。因此，非常清楚去罗马意味着什么的路德请求作为自己保护人的选侯出面干预。选侯趁机向教皇提出让路德在德国，而不是在罗马受审。教皇为取悦选侯，同意了这个请求，改在德国传唤路德，由参加奥格斯堡帝国会议的教廷特使卡耶坦向路德问话。

10 月 12 日，路德在奥格斯堡与卡耶坦会面。卡耶坦声明了教皇要求他不与路德争辩的谕令，直接对路德提出三项要求：必须恢复清醒的理智，纠正现有的错误；保证行为检点，今后不再重犯错误；放弃做任何扰乱教会的事情。但是路德坚持说他不知道自己错在哪里，请他明示自己错在何处。作为神学界的翘楚和托马斯研究权威的卡耶坦忘记了谕令，他迫不及待地利用那份以"独生子"一语开头的《编外游移谕令》斥责路德在《九十五条论纲》中宣称基督的功德库不包含赎罪券的功德，为赎罪券的根据辩护。接着，对于路德在解释其论纲时说领受圣礼之人必须具有信心方可免罪和称义这一观点，卡耶坦指出领受圣礼之人并不具有信心确信自己可以接受恩典。但是路德辩解说《编外游移谕令》的真实性和权威性都值得怀疑，尤其是它竟然肆意歪曲和背离《圣经》，而他对圣礼的解释符合《圣经》。接着，卡耶坦转向了发售赎罪券的根据即教皇，大谈教皇的权威，宣称他的权柄高于大公会议、《圣经》和整个教会。路德坚决否定这种说法，宣称教皇也可能犯错，如果教皇妄用《圣经》，那么，他否认教皇高于《圣经》。

次日，路德首先宣读了他的书面声明，表示他的言论没有违背《圣经》和教父的教导，符合大公教会的教义，他也服从罗马教会，但前提是它的结论必须合法。不过，卡耶坦最关心的事情是路德说出"我放弃自己的观点"（revoco）这句话，他们又回到了前一天的问题上，路德以沉默的方式表示抗议。为了缓和紧张的气氛，卡耶坦允许路德呈交书面答辩。

第三日，在呈交的书面答辩中，路德更详细地陈述了他对第一天讨论的问题的回答，引经据典，据理力争。卡耶坦表示他的书面申辩毫无价值，不过还是允诺将它呈交教廷，他反复要求路德放弃自己的观点，并以惩罚威胁他，但是路德不肯就范，明确拒绝了这种要求，于是双方发生激烈的争吵。最后，卡耶坦怒不可遏，朝路德吼道："你现在给我滚出去！除非你愿意说'我放弃自己的观点'，否则不要来见我！"

因为路德等人没有获准离开，所以他们在奥格斯堡继续待着。卡耶坦力图逼路德屈服，遂向路德的上司施道比茨施加压力，要他劝服路德收回己见，但是施道比茨辩解说他多次劝说过路德，但是自己的解经能力不及他，无能为力。不过，在施道比茨的要求下，路德还是以客气的语气致信卡耶坦，重申自己的观点，坚持不放弃它，并说他已经将诉状呈交罗马，如果有必要，还要向大公会议上诉。由此，卡耶坦完成任务的希望彻底破灭了。

形势已经变得相当严峻，据传特使已经收到上谕密谋逮捕路德及其上司。施道比茨没有向特使告辞就逃走了，在离开之前，他偷偷地为路德解除了他做修士时所立的顺服的誓言，以便他可以自由逃跑。路德也得到了消息。20日深夜，友人从城墙的洞口将他放下去，他狼狈不堪地逃出奥格斯堡，返回维滕堡。

卡耶坦致信给选侯腓特烈，申明了他对路德这位"微不足道的修士"的友善以及路德的死不悔改，警告选侯不要因为路德而玷污了自己的名誉，要求他即使不逮捕路德，至少也应该将他驱逐出自己的领地。同时，多明我会利用他们在罗马掌握的权势发出了教廷的谕令，维护教皇的权威地位，明确宣称质疑赎罪券的人就是在质疑教皇的权力，应该被定罪。这样，路德的处境一下子变得非常艰难，他再也无法以对有争议的问题展开学术争辩为由逃避惩罚，而选侯也不得不掂量一下收留路德的后果，那会引起教廷的不满和批判。

明白其中要害的路德一度陷入绝望之中，非常担心选侯会收回对他的支持，并抛弃他。但是他还是鼓起勇气上书选侯，客观公正地回顾了他与卡耶坦的会面，指出他只是在寻求真理，他的观点都是从《圣经》出发，而卡耶坦只是斥责他关于赎罪券和教皇的权柄这些有争议的问题的观点是错误的，却丝毫给不出合理的根据，他的做法与当年法利赛人欲置耶稣于死地的做法一样，而选侯所面临的与彼拉多当年的处境无异，他必须确定路德到底干了些什么，然后再作出决定。后来的事证明路德的这封言辞恳切的书信对选侯坚定决心保护他起到了重要的作用，但是他当时并不知道选侯的决定，绝望地收拾行囊，准备逃离维滕堡，前往法国。形势终究朝着好的方向发展，他在最后的时刻得知了这个决定，如释重负。

1519 年 1 月，从罗马又来了一位使者米尔蒂茨，他本来与卡耶坦受命完成相同的任务，然而当他到达时，卡耶坦已经离开。他并不知道卡耶坦所做的事情，还通过斯帕拉丁的引荐会见了路德，并表现出十分友好的姿态。经过协商，双方最终达成停战协议。为防止教会分裂，罗马教廷停止攻击路德，不再要求路德去罗马受审，就在德国通过谈判解决争议。同样，路德承诺，只要对手不攻击他，他就保持缄默，不发表任何煽动性的言论，并且向教宗致信表示效忠。这位特使还说会安排有学问的主教指出路德的错误所在，而路德也表示乐于知道自己的错误，并会因此收回自己的观点。这位特使还批评了路德的对手台彻尔，说他贪污，用两匹马拉的车子兜售赎罪券，并且说他有私生子。可怜的台彻尔就这样成了平息事件的牺牲品。路德事后还写信安慰他，说知道私生子不是他的。最后，路德与这位特使吻别，虽然他不由得想起了犹大的一吻，但是他还是相信这位特使的话，真的停止攻击，并上书教皇，表示自己从未试图损害教皇的权威，认为教皇的权力在世俗世界是最高的。如果事情真像协议约定的那样进行下去，那么，后来轰轰烈烈的宗教改革可能就不会发生了，但事实并非如此，罗马教会食言了。

莱比锡论战："萨克森的胡斯"

埃克不满路德如日中天的名声，用极其恶毒的言语谩骂攻讦路德的《九十五条论纲》。路德的好友、维滕堡大学神学系主任卡尔斯塔特教授因为埃克的无理谩骂侮辱了他的神学系及其朋友而提出了三百七十条论纲进行辩护。埃克遂公开提出挑战，要求与卡尔斯塔特教授以及路德在萨克森公爵"大胡子"乔治管辖的莱比锡举行辩论，并且还提出了十三条论纲。除第七条关注自由意志与行善的关系之外，第十一条与赎罪券相关，而第十三条则涉及教皇的权力，抨击路德在解释其《九十五条论纲》时所说的罗马教会并不在其他教会之上，无权管辖它们的观点，为教皇的至高权力辩护，认为教皇所代表的罗马教会自原初教会开始就在信仰事务上具有最高的权柄和发言权。在论纲中，埃克还攻击路德是教会之敌、异端和波西米亚的胡斯派。路德乐于解除他所作出的承诺，同意辩论，并且也公布了与埃克针锋相对的论纲。

路德与卡尔斯塔特在两百名全副武装的学生护卫下一同前往莱比锡参加论战。但是埃克极其狡猾，要求修改事先约定的辩论程序和规则。他首先要求不设速记员记录辩论内容，只进行口头辩论，在卡尔斯塔特被迫同意在裁判组评审之前不公开速记员的记录才作罢。接着，他又提出谁充当裁判的问题。路德等人担心他们受到不公正的裁决，主张自由辩论，但是埃克宣称不选裁判就不能辩论，而一旦路德坚持己见，不能参与辩论，他就会借机散播谣言，说他不敢应战，不愿意邀请裁判。埃克的计谋得逞了，路德最终愤怒地同意埃尔福特大学和巴黎大学做裁判。

卡尔斯塔特首先与埃克围绕自由意志以及行善是否以恩典为前提的问题展开辩论，他提出了观点，并准确无误地运用《圣经》和教父的言论来解释它，但是埃克却厚颜无耻地反对现场使用经典做证据，否则他就拒绝辩论。可叹的是辩论会竟然同意了埃克的无理要求，不准在会场上使用经典。依据各自事先公布的论纲，这次辩论的主要论题是赎罪券问题，并且由卡尔斯塔特应战埃克，但是埃克不愿意与他论战，公开向路德叫板，路德不得已上场。包括路德本人在内的众人都以为他们会就这个当时最令人关注的论题唇枪舌剑，激烈交锋，但事实上这场辩论极其平淡，埃克一反常态，放弃了他辩论前所持的观点，几乎同意路德的所有观点，故意避其锋芒。要不是路德提出关于发售赎罪券的权威根据即教皇权力的问题，埃克可能会同意路德的所有观点，大家握手言欢。埃克只关注此论题，他的阴谋就是逼路德就此论题发出离经叛道的言论，质疑教皇和大公会议权威的合法性，使他成为异端，进而置他于死地。

埃克的阴谋得逞了！这个话题确实激发了路德的斗志和智慧，使他作出了更清晰的思考和论述，提出了与教廷针锋相对的立场。埃克极力为教皇的至高权力辩护，只是使用"你是彼得，我要把我的教会建造在这磐石上"之类的几段经文来论证彼得具有管辖其他使徒的权力，然后说教皇作为彼得的继承人掌握了天国的钥匙权，因而他是基督在尘世的代表和教会的元首，是最高的权威，不可能犯错。路德虽然承认教皇现在有这样的权力，但是他指出，教皇的权力只是近几百年的产物，古代的教父和希腊教会在过去的一千多年里，甚至直到今日都不受罗马教皇管束；基督才是教会真正的、唯一的元首，他并没有授权彼得管辖其他使徒，更不会将这种权力继续传给他的继承者罗马教会，罗马教会所宣扬拥有的钥匙权力只是传播福音，施行圣礼，牧养基督的羊群，而罗马教皇不承认基督是唯一的元首并且企图取而代之当然是错误的。

埃克暗自得意，因为路德已经"上当"了。依据教会的法典，教皇的地位是至高的，是不会犯错的，既然他否定了这两点，那么他已经是异端了。不仅如此，埃克还趁机挑拨是非，因为他知道萨克森公爵领地毗邻波西米亚，而后者支持胡斯派，当年胡斯被判火刑活活烧死，胡斯在波西米亚的支持者义愤填膺，大肆侵扰这片领地。过了这么多年，当地人谈起此事仍然心有余悸。因此，埃克反复叫嚣，说路德的主张与胡斯的观点接近。路德明言康斯坦茨大公会议判定胡斯的著作是异端是错误的，因为在胡斯和胡斯派的文章中，有许多内容与使徒保罗、圣教父奥古斯丁，乃至耶稣基督和《圣经》的教导相同，教会根本无法谴责它们。路德的观点果然引起了莱比锡人以及萨克森公爵的不满，他们认定路德是异端。埃克欣喜若狂，还继续诱导路德说出更具危险性的话："您认为康斯坦茨大公会议错误地判定胡斯是异教徒？难道所有修道院院长、主教、红衣主教和教皇都错了？"路德回答说，唯独《圣经》具有绝对权威地位，只有当大公会议和以教皇为代表的神职人员遵循《圣经》时，他们才可能是对的，否则，就是错的。

至此，路德终于抛出了炸弹，提出了自己的新教会观。他在奥格斯堡时还试图上诉罗马的开明教皇和大公会议，而此时他不仅依据他对《圣经》以及早期教会和教会史的研究公然否定了教皇的权威，而且也否定了大公会议的权威，分裂已经不可避免。埃克对此结果非常满意，认为抓住了路德是异端的铁证以及惩处他的充足理由，而路德回去之后认真研究了胡斯的著作，说："我已经在未知的情况下论述了胡斯的学说……大家不知不觉地都是胡斯派了。"胡斯的信徒也给路德写信，称呼他是"萨克森的胡斯"。不过，路德在 16 世纪 20 年代后期又抗议说那些说他是胡斯派的人是不正确的。

对于此次论战，作为裁判的埃尔福特大学拒绝作出裁定，而巴黎大学则一直保持沉默，于是，论战主持方将任务交给了科隆大学和卢汶大学。1520 年 3 月，二者作出了有利于埃克的裁决，判定路德有罪。但是路德早就料到了这样的结局，他不屑一顾，斥责他们像醉妇一般胡言乱语。几乎与此同时，卡耶坦在罗马组织了专门审查路德著作的委员会，埃克也位列其中，他们专门搜罗路德的"异端"学说。5 月，他们向教皇递交了惩罚路德的通谕的草稿。6 月，罗马教廷颁布了《逐路德出教》的著名通谕，因为该通谕开头语就是"主啊，求你起来"，所以它也被称作"主啊，求你起来"通谕。该通谕说路德是"要将上帝的葡萄园化为荒地的狐狸"和"践踏上帝的葡萄园的森林野猪"，并宣布路德"与大公真理背道而驰"的四十一条罪状，指出他著作中的观点都是异端邪说，充满了对教皇和教会的诽谤污蔑，要求各地焚毁他的全部著作，并且宣布了对他的处罚：处以绝罚，革出教门。不过，教皇为宣扬自己的仁慈，恩威兼施，迫使路德屈服，还特意附上恩赦期：如果在收到通谕六十天内，路德悔改认错，那么，可以恢复他的教籍；否则，他及其支持者将被判为"异端"，被永久排斥在教会的大门之外。

9月，埃克与教皇特使将该通谕带到了德意志，宣布它，并监督它在帝国的执行。埃克原以为讨得一份美差，趾高气扬，但是到了之后，才发现完全不是那么回事。尽管有些地方响应了，但是因为路德的观点赢得了众多阶层的支持，所以很多地方消极对待，搁置不公布，而有些地方则公开抵制。各地的人民群情激愤，埃克到处被人唾骂，围堵，追赶，性命堪忧，只得藏在修道院里。教皇特使报告说当前所有德国人都决心暴动，十个德国人就有九个喊战争，另外一个则高喊罗马教廷该死。

10月10日，路德收到了通谕。针对它，他撰写了《反对敌基督的通谕》，以牙还牙地称呼教皇是"敌基督"，说："我在上帝、我主耶稣及其众天使和世人面前抗议，对该通谕中的谴责表达异议，我诅咒且厌恶它对上帝之子我主基督的亵渎和轻视。"

在莱比锡论战结束至获知自己被开除教籍之前的这段时间里，路德继续思考如何落实他所发现的"因信称义"和十字架神学的观念，通盘考虑基督教会的本质和基督徒的生活。他陆陆续续地对包括圣餐和洗礼在内的圣礼发表了一些言论，并且对自己当时的危险处境也作出了充分的估计，已经准备号召德意志的贵族反抗暴虐邪恶的罗马教廷。最终在1520年，他系统地陈述了他的这些观点。

第4章

批判旧制　奠定新基

1520年是路德创作的高峰期。在这一年，他首先撰写了《论善工》，接着创作了被称为"宗教改革的三大经典著作"的《致德意志基督教贵族公开书》《教会被掳于巴比伦》和《论基督徒的自由》。不过，人们认为《论善工》也是非常重要的，因而合称它们为"宗教改革的四大著作"，四书共同确立了宗教改革的纲领和基石。

尽管如此，这四本著作的内容也有差异：第一本书清晰地论述了善工的本质及其与信仰的关系，并用福音的观念解释了律法，将之应用到日常生活中；第二本书严厉地批判了教会体制，论述了路德自己的教会观，提出了"信徒皆祭司"的原则，确立了教会管理的指导纲领；第三本书是路德所写的唯一一本严格的系统神学论著，集其神学思想之大成，摧毁了作为罗马教会法之基础的圣礼制度，废除了教会控制信徒从出生到死亡的整个人生历程的手段，提出了路德自己的圣礼观；最后一本书发展了第一本书的观点，简明地陈述了路德的属灵经验及其思想的基本原则，论述了基督徒的自由观，由此提出了基督徒生活的准则和规范。

《论善工》：福音的善工观和律法观

在路德看来，在善工的问题上，人们所实施的奸诈和欺骗是最多的，头脑简单的人容易被人引入迷途。为了教会的牧养，让平信徒明白信仰与善工的关系，他撰写了该书。它确实达到了这个目的，该书在出版之后多次再版，受到了人们的追捧。梅兰希顿夸奖该书是路德所写的论信仰与善工的最出色的著作。路德本人对它也很满意，在写作时就宣称该书是他到那时为止所写的最好著作。

在该书一开头，路德就说："除了上帝所命令的之外，没有善工，正如除了上帝所禁止的之外，没有罪恶一样。因此，要知道并且要行善工的人除了认识上帝的诫命之外，不需要别的。"成全和遵守上帝的诫命就是善工，但是人只有相信和信靠上帝才能成全它们，使一切行为成为义的。只要有信心，"确信他所行的讨上帝悦纳，那么所行的行为虽然渺小如俯拾稻草，也是善的。倘若缺乏信心或心怀疑惑，那么，虽使一切死人复活，又舍己身叫人焚烧，那也不是善的"。因此，信仰构成了诫命的实质和根本，乃是一切善工之本。但是信仰不是善工或者来自于人的行为，而是仅从耶稣基督而来，是他白白应许和赐给人的。

在澄清了善工的含义及其与信仰的关系之后，路德接着利用这种理解来阐释摩西十诫。他强调，每条诫命都与信仰密切相关，只有信仰和信靠上帝，才能真正遵行它们，反之倚靠自己的行为和能力，就是徒劳的，即使遵行它们也算不得什么，全是死的。下面来看看他对其中四条诫命的理解。

路德说第一条诫命"除了我以外，你不可以有别的神"是最先、最高和最好的诫命，其他诫命都从它出发，以它为标准。它的含义是"因为只有我是神，所以你只应信仰我，倚靠我"。对于上帝，人们应该诚心信靠他，盼望从他那里获得恩典和眷爱。只有真心实意地信仰和信靠方能成全这条诫命，任何善工都不能成全它。不信靠上帝，却在自己或别的东西那里追求上帝的恩典的人就是不遵守这条诫命和不崇拜偶像的人。他们不来求上帝，反而离开他，怀疑他不会恩待和悦纳他们，把上帝当作不愿白白施恩的存在者，于是信靠自己的所谓善工，用它来购买上帝的恩典，获得他的恩宠，把自己抬高成可以与上帝讨价还价的存在者。这是上帝所不能容忍的，因为他应许了白白的救恩，要人以倚靠他的恩典为开端，并在恩典中行诸种善事。这种人纵然遵行了其他一切诫命，有一切圣徒的祈祷、禁食、服从、忍耐和贞洁，那也是虚假的，因为他们不是从信心出发，而是完全信赖和崇拜己力，以此取悦上帝，赢得救恩。

对于"不可偷盗"的诫命，路德指出，它不仅包括反对偷盗，反对人对人所施的悭吝，而且还指愿用自己的财物帮助别人。这项善工也发源于信仰。贪婪来自不信，而慷慨来自信仰。一个人如果仰望并信靠上帝，就会确信上帝会看顾他，绝对不会向他说谎和摒弃他，因而不担心自己所有的是否够用，也会慷慨待人，乐于施舍，不做守财奴。相反，如果他不信靠上帝，盼望从金钱而不是从上帝那里得福，他就会贪婪和忧虑，不会待人慷慨，有机会难免会去偷盗。

"不可作假见证陷害人"这条诫命所包括的看似不过是舌头的小工作，其实是很大的工作，因为谨守它的人必须冒丧失功名利禄乃至一切的风险。该诫命要求人不能说谎言，同时也要为真理作伟大的见证，反对破坏和歪曲福音和信仰的真理的邪灵。遵守它也完全依靠信仰，因为只有从它出发的人内心才会存着恩慈仁爱的上帝，感到满足，轻看世俗的功名利禄乃至生命，才可能有勇敢和大无畏的精神，即使损失生命和财产，即使面对逼迫真理与藐视上帝的暴君和权贵，还是要站在真理这里，毫不畏惧他们，相反，亲近、尊重和保护敬畏上帝且为真理受逼迫的人。

路德花去该书一半的篇幅论述"孝敬父母"这条诫命，认为认识和遵守其他九条诫命都有赖于这一条诫命。这条诫命的首层含义是子女孝敬父母，而父母对儿女进行属灵教育。孝敬父母不仅要有尊敬的态度，也要顺从他们，重视并遵循他们的言语和榜样，听他们的话。孝敬父母不是出于没有尊敬和爱的畏惧，甚至是有恨恶的畏惧，而是出于与爱和信结合在一起的畏惧，所以人虽然怕冒犯他们，但是并不像逃避刑罚那样试图逃避他们，而是更亲近他们。初看路德对于孝敬父母的论述似乎与中国传统文化所说的孝道相近，但还是有差异，因为路德将敬畏和信靠上帝看作第一位的，孝敬父母以敬畏上帝为前提，他反对愚孝。父母如果对孩子进行世俗化的教育，照着世俗的样子教育子女只追求今世的快乐、尊荣、财产和在世的权柄，那么，子女就不应当服从他们。

正如其他诫命都靠信仰才得成全一样，父母只有以确信必蒙上帝悦纳的心去教训儿女，不怀疑他在所行的事上讨上帝喜欢，只以这种工作为他信仰的劝谕和训练，仰望从他那里得福蒙恩，对子女的教育才能成全。有信仰的家庭生活也是上帝悦纳的神圣生活，父母只要教育好儿女，将上帝的话语传授给他们，让他们去服事上帝，过属灵的生活，他们就充满了善工："你们的孩子好像饥渴、赤身、贫穷、下监、患病的人一样需要这一切，在家里有那么多丰富的善工摆在你们面前！在哪里有这种父母，哪里的婚姻和家庭就有福！那的确是真教会、蒙拣选的修道院，甚至是乐园。"但是很多信徒放任自己的孩子，不教化他们，却跑到外面去寻求善工。"这个丈夫跑到圣雅各去，那位太太发誓愿去朝拜圣母，没有人发誓愿要好好管教自己的孩子，以便荣耀上帝；他们撇下那些上帝已经吩咐他们加以看顾的人，却要在上帝没有吩咐他们的地方去服事他。"一些父母放下手中最重要的善工不做，却去行各样自以为是的善事，去禁食、祷告、朝圣，乃至于抛弃家庭去修道，承担圣职，但是这并没有任何益处。路德强调凭借信心所从事的一切职业和生活，无论"营业、行止、吃喝、睡觉"，还是"为身体的营养和公益"所做的其他各种事，都是善工，无论从信仰本身流出来的行动是多么渺小和微不足道，它们都同样是善工。因此，他打破了罗马教会所确立的神圣与世俗、教会内外和修道院内外的区分，颠覆了过去的修道运动和圣职的崇高性和神圣性，赋予普通生活以神圣性，提高了它们的宗教价值。他废除了修道院内外的区分和修士与俗众的区分，这看似削弱了宗教的价值，使倾听和宣讲上帝话语的人减少了，但实际上恰恰相反，他将全部世俗生活变成了修道的生活，使一切有信心的人都成了修士。

路德指出，这条诫命除了包括子女与父母的关系之外，还包括信徒与教会、臣民与政府、仆人与主人的关系，它要求我们的整个生命完全顺服在别人之下，信徒尊敬并服从属灵的母亲和权威，即基督的教会，臣民顺服世上掌权的，仆人顺服主人。初看起来路德似乎完全为世俗的等级制度辩护，要求人们顺从，但实际上并非如此，他要求各方都从信靠上帝，谨守他的"爱人如己"的教导，各尽其责，彼此关爱。譬如，尽管他认为信徒应该尊敬和服从教会，但是他所认可的教会只是真正的属灵教会和权威，它们弘扬上帝的道，坚固人们的信仰，净化人们的心灵，并非当时的罗马教会。他本人就坚决抨击它，批判它废弃信仰，远离上帝的话语。

与猛烈抨击罗马教会不同的是，路德在该书中并没有抨击世俗政权，相反对它持比较宽容的态度。他区分了属灵的权威与属世的权威，指出后者无碍于信仰，他们的行为如何与我们对上帝的信仰并无关系，因为他们所相信的，我们不必相信。无论政府使用权力行善还是作恶，都不能伤害灵魂，只能伤损身体和财产。人们忍受冤屈，但是这并不毁坏他们的灵魂，甚至还改进他们的灵魂。但是前者则不然，罗马教会作为属灵的权威干犯了信仰，亵渎了上帝，它作恶的后果更严重。因此，当属灵的权威行不义时，我们必须抵抗，然而当属世的掌权者行不义时，我们不应抵抗。但是路德并不认为世俗君王可以任意妄为，人们完全不能反对政府。如果政府公然强迫人们干犯上帝或他人，那么，这样的政府就应该被唾弃。

教会的腐败已经到了必须要改革的地步，但是路德并不指望罗马教会和大公会议自行推动改革，相反，对各国的基督教君王和诸侯寄予厚望，希望他们秉持公义，做蒙上帝悦纳的基督君王，主动打开一条改革之路，使那些怀着戒心的神职人员跟从他们改革。而他在接下来所写的《致德意志基督教贵族公开书》中详细地论述了这一问题。

《致德意志基督教贵族公开书》：宗教改革的"出师表"

路德向神圣罗马帝国的新皇帝查理五世和基督徒贵族发出了进行宗教改革的"出师表"，希望他们推行改革，使德意志及其教会摆脱罗马教会的压迫和剥削。要指出的是，他倡导的是改革，而不是革命，他反对使用和迷信武力，声称多用武力就多有祸患，要求人们信靠和敬畏上帝，祈求他的帮助。他放弃使用拉丁语，而使用德语写作此书，意图唤醒德意志贵族，激起他们对罗马教廷的反感。该书首先指出改革要推倒的三道围墙，并以"唯独《圣经》"（Sola Scriptura）和"信徒皆祭司"为武器推倒了它们，接着抨击罗马教廷和教皇用来控制信徒和社会生活的种种腐化堕落的制度和措施，并提出了二十七条建议。此书出版之后一时洛阳纸贵，首次印刷的四千本马上被抢购一空。如此热销的部分原因是该书表达了德意志各阶层的心声，引起了他们的共鸣，甚至一些反对路德的改革主张的教会人士和贵族也承认他对德意志受剥削和欺压的地位的陈述是中肯的。后世的一些人认为，该书掀开了德国民族解放的序幕，是德意志民族的独立宣言。

该书第一部分论述了罗马教会筑起了导致整个基督教腐化且使信徒失去了用来惩罚他们的刑杖的三道围墙："当他们受俗世权力所迫时，他们就制定了教谕，说俗世权力不能管辖宗教，宗教的权力在俗世权力之上。如果有人根据《圣经》谴责他们，他们就加以反驳说，只有教皇才能解释《圣经》。如果有人提议召开宗教会议，他们就回答说，除了教皇以外，没有人能召集这种会议。"教皇躲藏在这三道城墙筑起的堡垒中，阻止人们进行改革。路德宣称要像约书亚那样用摧毁耶利哥城墙的号筒来吹倒这些纸糊的城墙，揭露教皇的狡猾和欺诈，用基督教的刑杖自由地惩罚罪恶，并借着刑罚来实现教会的自我革新。

罗马教会所设立的第一道围墙将教皇、主教、神父和修士规定为"属灵的阶级"，而把君主、贵族、工人和农人说成是"属世的阶级"，并且宣称前者高于后者。但是路德指出，只要接受了洗礼，信仰福音的人都是基督徒，都受了圣职做祭司，都是"属灵的阶级"。俗世的掌权者受洗了，有同样的信仰和福音，自然也是"属灵阶级"。因此，在信仰和属灵的事务上，教皇和主教并不高于包括俗世的掌权者在内的平信徒。像神父、主教或教皇这些自称是"属灵的"人不过受了大家的推举和委托，以传道和主持圣礼为职司而已，神父一旦退休或离职，那他就成了平信徒；同样，俗世的掌权者受了上帝的委派，拿着刀和杖来惩罚恶人，保护善人。因此，平信徒与神父、贵族与主教以及"属灵的"与"属世的"之间实在没有什么差别，所谓的差别不过是职分和工作上的差别，而不是"阶级"上的差别。在信仰和属灵层面上，他们同属一个阶级，都是祭司和神父。属灵阶层和属世阶层没有高低之分，前者并不在俗世的权力之上，相反，在世俗事务上，前者要服从后者，如果前者触犯了法律，后者有权刑罚他们。

路德认为第二道围墙更加脆弱和没有价值。罗马教廷妄称教皇是唯一的权威，在信仰上不会犯错，但是唯一的权威实际上是《圣经》，宣称只有教皇能解释《圣经》或批准解释纯属无稽之谈。他们所持的根据是耶稣将天国的钥匙给了彼得，他得了钥匙自然就有了解释教义的权柄，但是路德指出钥匙并不是给了彼得一人，而是给了全教会，并且钥匙权并不适用于教义或管理，只适用于罪恶的捆绑和释放。既然所有信徒都是祭司，都有一个信仰、一个福音、一个圣礼，那么，他们都有权解释《圣经》，审查和评判信仰的真伪。判断《圣经》解释的正确性的依据是看谁的解释更合乎信仰，解释得更好，而不是看他们在教会的地位。路德嘲笑说，巴兰虽为先知，但是他的驴子却比他聪明，知道上帝的旨意和话语，于是，上帝借着驴子之口教训巴兰。既然上帝借着驴子说话反对一位先知，那么，他为什么现在不能借着一个了解信仰和维护信仰的义人说话反对教皇，斥责他妄解《圣经》呢？

当教皇违背《圣经》时，平信徒有义务依据《圣经》来责备他、约束他，倘若他不听，就只能诉诸宗教会议。但是第三道围墙却宣称只有教皇有权召开这个会议或认可其行动，这样，教皇就可以不让声讨他的会议召开，即使召开也不得不听从他的旨意，根本无法纠正他的错误。路德指出这种说法没有

《圣经》根据，依据《使徒行传》第15章的论述，召集使徒会议的不是彼得，而是众使徒和长老。如果那种权力仅属于彼得，那么，那个会议就不能被称为基督教的会议，而只是异端派的集会。事实上，那些由教皇召开的会议并没有做特别重要的事，最有名的尼西亚会议不是由罗马主教而是由君士坦丁皇帝召集和批准的，他之后的皇帝也这样做了，而这些会议在所有宗教会议中最合乎基督教的信仰。既然信徒皆是祭司，那么，俗世的权力者同样是"属灵阶级"和管理一切的主人，最有能力召开宗教会议。因此，当教皇危害基督教时，他们应该站出来，执行上帝所委托给他们的治理任务和工作，召开一个真正自由的会议。

总之，路德将罗马教廷所筑起的三道围墙全部推倒：教皇与平信徒一样都处在俗世的权力之下，没有特殊权柄解释《圣经》，也没有权柄阻止和约束宗教会议。如果他这样做，那么他就是敌基督和魔鬼。

在完成了这个任务之后，路德在该书第二部分向他所主张的自由的宗教会议提交了要讨论的罗马教廷和教皇的种种弊端，例如，教皇生活奢侈腐化，任何国王和皇帝都望尘莫及；教皇通过按立红衣主教，搜刮各地的财富；巧立名目，甚至攫取老弱多病者所应得的俸禄；任意给神职人员委派助理，攫取厚禄，非法地统一或合并一些教区，一个人可以身兼数职；欺骗人，故意模棱两可、含混其词，将一个职位卖给多人牟利；设立审核所，将买卖神职以及各种非法的和不道德的活动合法化；与银行家勾结，通过借贷等形式买卖主教和教士职位；凭借赎罪券、禁谕、自择听认罪者许可状、吃奶油许可证以及其他特许大肆搜刮各地的财富。正是因为教皇和教廷干了如此多的丑事，所以路德说教皇是罗马的独夫和贪婪鬼、敌基督和世界上最大的盗贼，他的这些邪恶的措施是公开的抢劫、欺骗和专制。

接着，路德给俗世当局或宗教会议提出了二十七条可行的改革建议。鉴于这些建议非常具体、零散，这里就不一一赘述，仅将其中的一些重要建议和核心思想陈述出来。

第一，限制教皇和教廷的权力，废除向罗马缴纳首年捐的制度，减轻和废除教会律例中的许多处罚，禁止教廷滥发特许。一切圣职和主教的按立无须到罗马领受，教皇也无权夺取教士的职位。恢复地方主教的职权，主教无须向教皇宣誓效忠。德意志自己委派教士，关于教士职位或俸禄的案件由主教、大主教和国家大主教审判。上述主张实质上是倡导民族或地方的教会自治，这无疑是釜底抽薪，废除了罗马教廷和教皇横征暴敛的根据。

第二，教会只管理有关信仰和道德的事务，将有关财产、生命和荣誉等世俗的事情交给俗世的裁判官处理。教皇除了在圣坛上给皇帝膏油和为他加冕以及在属神的事情即在讲道和主持圣礼上高于皇帝之外不应该有其他的权力，不能强迫皇帝吻他的脚或坐在他的脚下，不得干涉各国的政治。教皇不是代表天上的基督，而是代表在世上的基督，因而他要像耶稣基督那样取奴仆的形象，不能高高凌驾于他人和世俗权力之上。要改变德意志拥有帝国的名号、尊称和勋章而教皇却拥有帝国的国库、权力、法律和自由的状况，德意志的皇帝不是傀儡，而是真正的皇帝，在他境内的一切教士必须服从他的统治和管理，德意志的诸侯在这块土地上完全享有充分的治理权。由此可见，路德实质上要求政教分离，教会只管信仰事务，而政府管世俗事务。他的这一主张在当时无疑具有积极意义，有利于打破中世纪以来教会独揽大权，恺撒听命于上帝的状况，促进现代意义上的民族国家崛起。不过，路德又主张君王和诸侯领导宗教改革，这样，教会在脱离了罗马教会的束缚之后又依附于世俗权力，并没有成为他所宣扬的自由的基督教会。在后来的几个世纪，德意志国家逐渐强大，以至于路德所开创的教会完全臣服于国家，对其血腥专制和对外侵略政策缄默不语，甚至为其辩护。因此，路德的这一主张引起了人们的非议，被斥之为饮鸩止渴，赶走了狼又引入虎。但是鉴于路德当时所处的形势，即罗马教会的势力过大，唯一能与之抗衡的只有各国君王和贵族，所以他的这一主张不无合理之处。虽然他呼吁君王和贵族领导宗教改革，好像违背政教分离原则，但是他强调他们是基督徒，因而也是神父、祭司，他们的这一身份使得他们接受上帝的呼召，按照他的旨意领导改革。

第三，使教会生活变得纯洁，回到信仰本身，废除教会的诸多陋习和恶习。譬如，要废除野外小教堂，人们过去不在自己的教堂受洗，听道，领圣餐，却东奔西跑，在野外建立教堂和小礼拜堂，把圣徒列入圣品，这背离了真信仰，而坠入了新奇虚幻的信仰中。要减少教会节日，只保留礼拜日，即使有些节日非常重要，要保留下来，也可以将它们合并到主日崇拜之中去。过去的节日太滥，一点都不圣洁，只是提供了喝酒、赌博、懒散和各种犯罪的机会，浪费了金钱，荒废了人的工作，损害了肉体和精神。要废除或减少一切为周年纪念、死人和灵魂所举行的弥撒，因为这种弥撒既不读经，也不祈祷，即使祈祷也不是因为上帝的缘故和出自爱心，乃是专为金钱和口腹之乐。最糟糕的是，这种做法将弥撒视为献祭和善工，将一切希望都建立在它之上，而不是信靠上帝。除此之外，路德还要求废除其他依靠善工赚取救恩的行为，譬如朝圣、购买赎罪券、行乞以及去修道院做修士。过去违背父命一心修道的路德此时成了修道运动最激烈的反对者，使其今后一蹶不振。

第四，对于独身和婚姻问题，路德强调婚姻自由，每个人自由选择结婚或不结婚，教士也不例外。神父在接受神职时有权不向主教发独身的誓愿。神父需要一个女人不仅是因为肉体的软弱，更是因为家务的需要。路德说："既然神父可以有一个女人，而教皇也许可他有，却不许他娶她，这岂不是让一男一女住在一起，同时又不许他们堕落吗？这好像是把火与一堆草放在一块，命令它们既不要冒烟，又不要燃烧。"神父结婚并不冒犯上帝，因为上帝的诫命是不许人将丈夫和妻子分离。当时许多人为了生计或害怕结婚而发守童贞和独身的誓愿，向往做神父，过修道生活，但是路德建议人们在30岁之前不要发此誓愿，因为独身是特殊的恩赐，只给了少数人。他善意提醒那些因为逃避婚姻而去修道的人，说他们不是非常信靠上帝，最好不要做教士，做世俗的事情更好，"因为，既然为维持俗世的生活，你必须对上帝有一份信靠，那么，为继续教士生活，你就必须对上帝有十分信靠。你既不信靠上帝能在世界上支持你，怎么信靠他在教会里支持你呢？"

第五，彻底改革大学教育。过去的大学只有四个学院：文学院、医学院、法学院和神学院。除了医学院之外，路德曾就读于其他三个学院，所以他是有发言权的。不过，在论述大学改革时，他有自知之明，没有论述医学院的改革，而论述了其他三个。对于承担全部大学生人文教育的文学院，路德首先提出了意见，他批判当时的大学不教授《圣经》和基督教的信仰，却致力于教授亚里士多德的各种学说，他对亚里士多德极尽批判挖苦之能事，说他是一个"罪恶的、欺骗的、无赖式的异教徒"，用虚伪的语言引诱并愚弄了许多好基督徒。在路德看来，亚里士多德的包括其物理学、伦理学和灵魂学说在内的诸多理论都是空洞无物和有害的，与基督教的教义违背，只有其逻辑学、修辞学和诗学可以保留下来训练青年人演讲和传道。学生从《圣经》中可以获得关于一切的丰富知识，这些知识都是亚里士多德完全不知道的。对于法学，路德宣称要完全废除教会律例，尤其是教谕，因为它是依照教皇及其谄媚者的好恶而定的，充满了贪婪和骄傲，妨碍了《圣经》研究。俗世的法律也是混乱不堪的，过于繁杂，要精简。各国要依靠《圣经》、贤明的君主以及国情制定法律，而地方的法律和风俗比起帝国的普通法律来应该有优先权。对于神学教育，路德谴责当时的习惯做法：神学生先读《圣经》，得了学士学位之后，就把《圣经》搁置一边，博士终生只研究语录，只有不做神父的才会去读《圣经》。他说它本末倒置，《圣经》的研习应该放到核心位置，神学生应该先熟悉语录，然后终生研究《圣经》；同时，应该尽量少读神学书，只读最好的，教父的著作可以读一读，作为研究《圣经》的入门。针对人们只读神学书，沉溺于其中，永不读《圣经》的做法，路德讽刺说，这就如同人们只研究指路牌却永不登程，只有《圣经》才是人们应该在其中劳作的葡萄园。路德对《圣经》在学校教育中地位的强调到了无以复加的地步，事实上，几年之前，他就与同事一起在维滕堡大学进行了这样的改革，使得该校与欧洲其他老牌大学迥然不同。

第六，与波希米亚人和解，停止对彼此的毁谤、仇恨和嫉妒。路德要求教皇向波希米亚人认错，承认胡斯被烧死这件事情破坏了教皇和帝国的誓约。路德声明，尽管他无意评判胡斯的著作，但是他尚未在它们中发现任何错误，并且承认他被冤枉，他的著作和教义被不公道地定罪。在这里，路德提出了对待异端的方式。他说，不管胡斯是多么坏的异端，把他烧死都是不公道的，违反了上帝的诫命，对待异端也要遵守诫命和誓约，不应该用烧死的办法，而应当用著作去消灭异端，"假如用火去消灭异端是一种学术，那么，绞刑吏便是世界上最有学问的博士；我们也用不着再研究学术，谁有力量胜过别人，谁就可以把别人烧死"。不过，路德及其宗派以及其他一些新教组织对待异端的做法似乎并没有按他所说的来做。

上面都是针对教会和教士的过错提出的建议，它们很多都在以后的改革中被采纳，甚至成为基督新教的独特标志。路德最后对俗世阶级也提出了许多显得非常外行的建议，譬如防止在饮食上饕餮，立法反对奢侈和奇装艳服。他认为不用花钱去购买丝绸、鹅绒、金饰和其他外国货，宣称丝绸和鹅绒商人是家贼，与教皇一样盘剥人民。同时，他宣称贸易不能给国家带来好的习惯，反而导致德意志的金钱外流，要限制香料贸易，也要限制银行资本家，禁止放高利贷。路德重视农业，认为务农才是正当的职业。不难看出，路德的经济思想是非常保守的，重农轻商，鄙视贸易和银行，这与近代经济发展的潮流并不合拍，不过他并非没有自知之明，他声明他是一个神学家，只斥责商业和贸易的邪恶，至于其中涉及的专业性事情应该找专家。

在陈述上述改革举措时，路德已经提到了弥撒，并在论述公平对待波希米亚人时第一次对"变质说"（认为神父在主理弥撒时将饼和酒变成基督的身体和血）提出了质问，而在向罗马教廷高调吟唱的另一首"小曲"，即《教会被掳于巴比伦》中，他全面详细地论述了圣礼。

《教会被掳于巴比伦》：新圣礼观

罗马教会创立了一套烦琐侈靡的圣礼制度，设定了贯串信徒一生的七项圣礼——受洗礼、圣餐礼、补赎礼、坚振礼、婚礼、按立礼和临终涂油礼，并且强调神职人员在主持圣礼时的作用，说他们使人受到上帝的庇护和恩典。正是在圣礼制度和教阶制的基础上，罗马教会才成为一个组织严密、等级森严的庞大组织。这套制度重视外在的形式，忽视上帝的应许和对它的信靠，强调神职人员的特权，因而路德指出罗马教会与巴比伦和敌基督无异，正如巴比伦帝国攻陷耶路撒冷，将犹太人掳到异地为奴，罗马教廷凭借自己宣扬的不合信仰的圣礼制度掳掠基督徒及其教会，使他们远离《圣经》和真道，成为他们的奴隶。为此，路德力求摧毁作为罗马教会独裁统治之基础的圣礼制度，重新确立合乎信仰和《圣经》的圣礼。

在路德看来，任何一项圣礼都必须有《圣经》依据，必须包括三个因素——《圣经》所记载的上帝的应许，领受上帝的应许的信心，以及有形的、外在的记号，三者缺一不可。没有应许，就无从相信。没有信仰，应许也不能生效，因为应许是借信仰成立并且应验的。上帝的每种应许都有一个记号做应许的标记或记念，使人们更忠实地保持他的应许，更强有力地接受它的训诲。尽管如此，在这三者中，路德显然更强调前二者，他批评人们舍本逐末，往往忽视了圣礼的实质，即应许和对它的信仰，而过分看重外在的记号、形式和行为。他指出，教会借着信心并因上帝的应许而产生，因圣礼而设立，而不是反过来由教会设立和裁定圣礼，因为教会不能发出恩典的应许，这完全是上帝的作为。

依据上面的标准，路德认为只有圣餐和受洗两项圣礼，并花去该书一半的篇幅论述它们，而对于补赎礼是否是圣礼，他似乎不是很确定。在该书开头，他承认只有补赎礼、圣餐和受洗三项圣礼，或者说它们只是一项圣礼的三个记号。但是在结尾，他又指出上帝的教会只有受洗礼与圣餐这两项圣礼，因为仅在它们中可以找到神所设立的记号和赦罪的应许，而补赎礼缺少基督所设立的有形记号，所以它不是圣礼，只是一种有益的做法。尽管路德认同圣餐和受洗是圣礼，但是他批判罗马教廷忽视了其中的神圣应许和领受者的信心，错误地理解和滥用它们。下面我们看看路德对罗马教会宣扬的各项圣礼的分析。

圣餐是圣礼，因为它具备三个要素。《圣经》记载耶稣亲自设立了圣餐，它是基督所立的约，应许所有相信他为他们舍了身体和流了血的人都罪得赦免，这个应许被神子的死印证。同时，基督在饼和酒里加上他的身体和血当作纪念这伟大应许的记号。路德强调，既然圣餐是基督的应许和恩典，举行弥撒就不需要，更不能准备或献上任何行为或功德，而只需要倚靠他的应许，相信他的话是真实的。有了这种信仰，人的内心自然会产生爱，被基督这位仁慈的立约者吸引，变成新造的人。正是因为信心在弥撒中具有重要作用，而母语比拉丁语更有效地激发信徒的信心，所以路德在这里提出用德文来举行弥撒。在后来的改革中，这一主张变成了现实。

正如罗马教会为实施独裁统治筑起了三道围墙一样，他们也在弥撒上设置了三重捆缚：第一，只让平信徒领饼，不让他们领杯；第二，主张变质说，强调神父在弥撒中的作用，宣称神父将饼和酒变成了基督的身体和血；第三，把弥撒当作善工和献祭，认为它是"因功生效的"。

对于第一重捆缚，路德指出，马太、马可和路加都认为基督将整个圣餐交给了他的所有门徒，保罗所传的圣餐也有饼和酒。如果圣餐仅是给神父的，那么，把饼或酒给平信徒都是不对的；如果圣餐也是给平信徒的，那么，饼和杯就都应该给他们。既然基督命令"大家都要喝"这句话不是只对神父说的，那么不给平信徒所渴求的杯就是大不敬和渎神。既然教会肯把圣礼的恩典这个更重要的东西给平信徒，为什么斤斤计较，不肯把圣礼的记号这个更轻微的东西一起给他们呢？

在路德看来，变质说既没有《圣经》根据，也没有理性根据，只是经院哲学发展的产物。在解释经文时，除非有说不通之处，否则应该按照文法和字面意义去理解它，尽量保持其原意。既然福音书的作者清楚明白地说基督拿起饼来掰开，而

《使徒行传》和保罗也称饼为饼，那么，人们就应该把饼和酒当作真实的饼和酒。耶稣的话"这是我的身体"即是说"这饼是我的身体"，信徒在饼里同领基督的身体，就是说他们吃饼即是同领基督的身体。饼和酒是实在的饼和酒，同时在其中有基督真正的肉和血临在。神性寓于基督里面并不需要使人性变质和使神性包含在人性的偶性中，这两种性质都是完整的，"这人是上帝"和"这上帝是人"都是正确的说法；同样，基督真实的身体和血临在于圣餐之中也不需要使饼和酒变质和使基督包含在饼和酒的偶性中，两者都存在，可以说"这饼是我的身体，这酒是我的血"。路德这里提出的观点后来被人们称作同质说或者圣礼的联合。它既不同于罗马教会所主张的变质说，也不同于他同时代的瑞士改教家所持的圣餐观（譬如主张饼与杯只是象征主的身体和血的象征说），而这是导致他们后来决裂的重要原因。

针对第三重捆缚，路德批判人们混淆弥撒与祈祷、约与祭物、圣餐与善工。在他看来，前者是下降的，是由上帝的应许而来的恩赐，并借着神父之手赐给人们，它需要人们凭着信仰去领受，而后者是上升的，是由信仰发出，通过神父达到上帝那里，并且需要上帝答复。因此，前者并不需要主持圣餐的神父是虔诚的，他的个人品质和能力并不重要，但是后者一定需要虔诚的神父，因为上帝不听罪人的话，他会借着恶人降福，但是他决不接受任何恶人的作为。具体而言，弥撒不是由圣餐中的祈祷完成，而只能由信仰完成，当我们有信仰时，我们必然祈祷，行善事；祈祷可以及于多人，而弥撒只能由有信心的人照自己信心的大小领受。弥撒也不是献给上帝的祭，因为弥撒是基督立的约或者人们领受上帝的应许，而献祭是人们奉上。人们通过领圣餐来接受应许和记号，显然这不是做善工，而是接受善。既然如此，谁会愚蠢到把接受应许或约看作对遗赠者做善工？只要他们相信上帝的应许，就会意识到自己居然得到了本不配得的恩赐，自然会对白白施予怜悯和恩典的上帝充满感激和爱，由此做善工。因此，相信上帝的应许才能行善，而不是相反。因为领圣餐需要的是领受者的信仰，所以，路德严厉抨击罗马教会为罪恶、死者或他人的需要献弥撒。同时，他主张废除弥撒的浮华外表，将它简化为圣餐礼，使信徒专注于它的全部本质，即基督的话语与应许。

因为受洗有上帝向人应许的话"信而受洗的，必然得救"，并以浸入水中为记号，所以它是圣礼。既然人的称义和得救完全依赖神圣的应许，那么受洗之人必须绝对信靠它，丝毫没有怀疑。如果他没有信心，他就是在指控上帝撒谎，因而会犯大罪。因为人们只要保持或恢复上帝对洗礼所作的应许的信心，罪就一笔勾销，所以洗礼是首要的圣礼，构成了其他圣礼的基础。路德批驳罗马教会在洗礼上本末倒置，忽略使人得救的应许以及对此应许的信仰，却专注于洗礼的记号。不过，鉴于洗礼是如此完美的一件事，路德认为它应该有一个充分的记号，他比较倾向于浸礼，受洗者将身体完全浸入水中，与基督同死同生，摆脱罪性，获得新生。同时，路德认为上帝会将受洗的功效和荣耀赠给婴儿，婴儿借着把他（她）带来受洗的教会的祈祷而被注入信仰，发生更新，连撒旦都不能摧毁儿童受洗的功效。这一观点构成了路德后来反对作为激进改革派的重洗派的理论原因。

路德宣称，基督徒只要存在于现世，就要举行受洗和圣餐这两项圣礼，以便完全受洗和获得力量。洗礼是他们人生的开端，自此一生凭借信仰而活，而圣餐是人生的终结，他们凭借它纪念基督离开尘世，并且效法他。

对于补赎礼，路德在正文中还是将它当作圣礼。与洗礼和圣餐一样，它由上帝的应许和人的信心构成，但是罗马教会总是回避它们，宣扬它由痛悔、认罪和补罪三个环节构成，将基督所赐的赦罪的应许变成了神职人员的特权，利用此圣礼来确立专制统治。路德指出，教廷错误地将痛悔宣传为功德，根本不提信仰，但是痛悔只能来自对上帝应许的信仰和畏惧。私人认罪虽无《圣经》根据，然而也是可行的，但是给人指定认罪忏悔的神父绝对是错误的，只要私下在弟兄面前悔罪，寻求宽恕，改过自新，罪就可得赦免。路德最痛恨构成赎罪券买卖之理论基础的补罪学说，他说，这种观点主张将补罪放在宣赦之后，以致使人认为无须出于痛悔和信心就可以对上帝补罪，因而补罪本身成了无关紧要、随意敷衍的行为。

对青少年举行的坚振礼只是按手礼，因其没有神圣的应许，也不能救赎人，因而不是圣礼。

成年人的婚礼也不是圣礼，因为它自古就有，并且不信的人也举行婚礼。罗马教会宣扬它为圣礼是根据武加大版《圣经》中的《以弗所书》第5章第31～32节"二人成为一体。这是一大圣礼"，但是路德批判他们随意解经，说这里的"圣礼"即希腊文"奥秘"，指圣灵隐藏的智慧，并且保罗的这句话所指的是基督和教会，而不是婚姻。不过，尽管婚礼不是圣礼，但路德并不否认它的重要性，宣称婚姻是神圣命定的生活，要求允许神父婚姻自由。令人瞠目结舌的是，他还大谈性功能障碍，认为它是解除婚约的合理理由之一，说与其使人欲火攻心，发生淫乱，还不如让人自由嫁娶。路德说他憎恶离婚，倒主张重婚，因为他认为基督同意离婚，但只限于淫乱的情况。这可以解释他后来为何支持宗教改革的得力支持者黑森侯爵腓力一世重婚。

按立礼只不过是教会针对选择为信众服事的传道人的仪式，但是教廷却将它设定为圣礼，实质上是要将平信徒与神职人员分开，使后者比前者的地位高，并且教廷掌握了按立权，所以他们以此来控制下层神职人员和平信徒。路德依据"信徒皆祭司"这个观点指出，基督的信徒都是上帝的儿女，都可以为祭司，神职人员只不过是大家推选出来的牧者，专门传讲福音真道和施行圣礼，因而神职人员与平信徒的区分只是职务上的；并且如果神职人员不称职，平信徒有权革除他们的职务，所以他们并没有任何特权。至于最后一项圣礼即临终涂油礼，路德指出教会确立这项圣礼所凭借的《雅各书》第5章中经文的原意是为病人抹油，祈祷他痊愈，但是这项圣礼是为人临终前举行的，并不希望人能恢复健康，因而临终涂油礼根本不是圣礼。

总之，路德依据他界定的圣礼标准考查了圣礼制度，虽然他承认受洗礼和圣餐礼是圣礼，认为其他所谓的圣礼不符合标准，并非真圣礼，但是他并不否认婚礼、补赎、按立等是有用的仪式，认为它们也是神圣的，同样强调信心在这些仪式中的关键作用，反对人们曲解它们，要求人们从信仰出发举行这些仪式。因为罗马教会公认的七项圣礼基本上涵盖了人从出生、青少年到成年直到老年死亡的整个过程以及结婚、做神职人员等重大人生事务，所以，路德对它们本质的澄清摧毁了罗马教廷借以维护教皇和神职人员的特权和专制统治的理论基础，无疑具有将处于不同人生阶段的俗众和神职人员从罗马教会所设立的枷锁和囹圄中解放出来的功效。

该书出版后的反响清楚地证明了这一点：伊拉斯谟阅读了该书之后惊呼"裂缝已经难以弥合"；一些本来对路德抱有好感的人远离了他；罗马教廷指责其渎神，其信徒和支持者严厉抨击和声讨路德，譬如英王亨利八世充当急先锋，极力讨好教皇，让人炮制著作抨击路德，由此获得教皇授予的"信仰卫士"的称号。当然，路德这篇从《圣经》和信仰出发，鞭辟入里地批判圣礼制度的著作也赢得了一些理性和公正之士的支持。

　　在该书结尾，路德指出，他还将出版罗马教廷见所未见、闻所未闻的书，充分证明他的忠顺，而其中的一本就是包含了基督徒生活总纲的《论基督徒的自由》。

《论基督徒的自由》：属灵生活的指南

　　尽管路德与教皇的关系剑拔弩张，一触即发，然而仍然有不少人为达成双方的和解而不懈努力着。教宗特使米尔蒂茨就是其一，他多次进行斡旋，力图调和路德与教廷的关系，避免教会的分裂。甚至在 1520 年 6 月 15 日教皇的《逐路德出教》的谕令已经发布而路德已经在 10 月 10 日收到教谕之后，他仍然没有放弃调和的努力，劝路德上书教皇，澄清自己一直都无意批判教皇本人。路德尊重他的努力，接受了建议，于是上书教皇，并附上了《论基督徒的自由》这本小书，以他少有的柔和优美的语言和协商的温和语气娓娓陈述自己的信仰和基督徒的生活理想。在这本书中，路德将教皇与作为其宗座的罗马教廷区分开来，批判后者的腐朽堕落，他们蒙蔽和欺骗教皇，教皇成了"狮穴中的但以理"和"住在蝎子中间的以西结"。不但如此，路德还将写作的时间改为 9 月 6 日，而不是在收到教谕之后，以此表明写作并非因为那份教谕。并且他在呈交给教皇的书信中陈述了米尔蒂茨和自己为和解所作的诸般努力，自己无意与教皇为敌，只是他的对手挑起事端，无礼攻击他，他为维护真道而不得不反击。但是正如人们所预料到的，和解的努力最终失败。不过，这本陈述路德基本信仰的书却获得了极大的成功，恰如他自己所说的，"它以其简明的形式囊括了基督徒的整个生活内容"，成为新教最重要的灵修书和生活指南，学者们称赞它是路德的最高尚、最优美和最成熟的著作。

一开篇，路德就指出信心的重要性，说它是一直涌到永生的活水泉源，只有处于试炼的压迫之下体验到信心及其给予的勇气的人才知道它的大能，他自己就遭受过对信心的各种试探，因而有资格谈论信心。路德说他愿意向一般信众谈谈信心，帮助他们理解。他首先提出一对有关心灵自由和捆绑的命题："基督徒是全然自由的众人之主，不受任何人辖管；基督徒是全然忠顺的众人之仆，受任何人辖管。"路德承认这两个命题像《圣经》中说人既是属灵的，也是属肉体的论述一样都出自保罗的话，似乎是矛盾的。《哥林多前书》第9章第19节说："我虽是自由的，无人辖管；然而我甘心做了众人的仆人。"《罗马书》第13章第8节说："凡事都不可亏欠人，唯有彼此相爱。"爱就是甘愿服事并顺从所爱之人。但是路德通过对律法与福音、信心与称义、信心与行为，以及信心与爱的辩证关系的论述证明这两个命题不是矛盾的，而是协调一致的，并由此提出了公义、自由的真基督徒的生活准则。

路德指出，上帝的圣道是生命、真理、光明、平安、公义、救恩、喜乐、自由、智慧、能力、恩典、荣耀和福分之道，是关于他的儿子道成肉身、受难、死而复活并凭着使人成圣的圣灵而得荣耀的福音，是基督徒的生命、公义与自由所不可缺少的。上帝的圣道分为诫命（律法）和应许（福音）。虽然诫命教导人的都是善事，但是人并不将它行出来，因为诫命只指示人们应当如何行，却没有将遵行的能力给予他们。诫命的作用实质上是使人自知，承认没有行善和成全律法的能力，对自己绝望。路德举例说，"你不可贪心"就是一条判定所有人都是罪人的诫命，因为无论人如何抵制贪心，他都不能不起贪心。因此，当人必须遵守这一诫命时，他就必然会对自己绝望，只能在别处，在他者身上寻求自身无法获得的帮助。人无法遵守这条诫命，对于其他诫命也是如此。但是律法是必须成全的，否则人就会被定罪。既然如此，那么人的结局岂不是会很悲惨？

并非如此。当人通过诚命知道了自己的软弱无能，无法成全律法，找不出称义与得救之道时，他就会畏惧，彻底虚己，于是就来到了上帝的应许面前。律法既然由上帝定，也只有他能成全，他的应许满足了他诚命的要求，成全律法所要求的。那么，他的应许是什么呢？"你若愿意成全律法，又照诚命所说，不起贪心，你就来信基督，在他里面恩典、公义、平安、自由与万事都应许给你了；你若相信，就有一切，若不相信，就缺一切。"坚定地信基督的人会与这些应许产生联系，分有了它们的能力，就能成全人靠自己的行为而不得成全的律法，因而不会被上帝定罪，相反会被他视作义人。由上不难看出上帝的诚命与应许的关系：诚命使人感到威胁和畏惧，认清自己，产生悔改之心，甘愿虚己降卑，而应许则使人获得信心和恩典，因而感到安慰，得以提升。但是关键是信基督。为何是信，而不是人的善行呢？为何是信基督，而不是信其他呢？

唯有信才能成全上帝的一切诚命和律法，譬如，第一条诚命"你只要敬拜一位上帝"。最高的敬拜莫过于信任敬拜的对象，认为他是真实、可靠、公义的，因而对上帝的敬拜就是信靠他，将他看作真实公义的。如果有人施行的全部是善行，但是他没有将上帝的真实与全善所应得的荣耀归给他，那么，他仍然没有真正敬拜上帝，没有遵行这条诚命，因而仍然是不义的；相反，如果人坚信上帝的应许，那么他就将他看作真实公义的，尊他的名为圣，全然听从他的旨意和安排，不疑惑那位真实、公义、智慧的上帝必然将万事安排好。这样一个因为信而在凡事上顺从上帝的人还有什么诚命不能成全呢？他会因为不能遵守诚命而被定罪吗？当上帝看见人完全信靠他，将他看作真实公义的，按照他所当得的尊敬他时，他就会因为人的信靠而将人看作真实公义的，因为上帝本来就是真实公义的，而人这样看他自然也是真实公义的。

　　信不但使人成全律法，而且是结婚戒指，将基督与信他的人联为一体，成为夫妻，既为夫妻，则共有对方的一切，无论好坏。基督与人存在着根本差异：基督是有位格的神与人，他没有并且也不会犯罪，因而没有并且也不会被定罪，他满有的公义、生命和救恩是无所不能、不可战胜的；人总是并且只能犯罪，因而被定了死罪，满有罪恶、死亡、咒诅和地狱的痛苦，若只凭借自身，其悲惨命运不难想象。但是因为信使富足虔诚的新郎基督与像"贫穷、卑微、罪恶的娼妓"一样的罪人结为一体，基督就将他的新娘所有的一切归给自己，同时也将自己所有的一切赐给新娘。于是，信基督之人的罪恶、死亡与地狱的痛苦就被基督担当，然而罪、死亡与地狱不能吞灭基督，相反，他吞灭它们，因为他的义大于一切人的罪，他的生命强于死亡，他的救恩是地狱无法战胜的。既然信基督之人的罪已经放在基督身上并被他吞灭，拥有了他的义，可以自夸说这义是自己的，那么，这人就凭借信在基督里脱离了一切罪，不再惧怕死亡和地狱，并且领受了基督永恒的公义、生命与救恩。

　　基督是君王和祭司，既然凡属丈夫的也为妻子所有，那么，因信而与基督结为一体的人就在属灵的层次上是君王和祭司。首先，作为最自由的君王，每个基督徒因为信而高升于万有之上，凭着属灵的能力做了万有之主，管辖万有，所以没有什么东西能伤害他，只要凭借信，包括十字架与死亡在内的一切都为他服务，为他的得救效力。其次，信基督之人都是祭司，配在上帝面前执行圣职，为他人代祷，并互相教导属灵之事。总之，信基督之人凭借他为王的权柄管辖包括死亡、生命和罪恶在内的一切事情，又凭借他为祭司的尊荣在上帝面前有非常的权柄，因而基督徒不受万事管辖，相反管辖万事。信已经包含了他所需要的一切，他就不需要凭借自己的事工和善行使自己成义和得救。既然不需要善行，也就不需要律法，因而也就不受律法捆绑。

尽管人因信称义，不需要善行和律法就能得救，但这并不意味着要废弃善工，得救之后不与人为善，相反，基督徒因为信心极其富足，并蒙满怀怜悯和恩典的上帝的应许之道而得救，所以他只求讨上帝喜悦，自然就做出爱他人的行为。路德强调他并不反对善行本身，而只是谴责人们在做善事时所怀有的亵渎上帝和因善行称义的邪念和谬见。善行并不创造义人，但义人却行善。人在称义之前所做的事工并非善行，人若以为这样就可以取悦上帝，赢得救恩，却不相信和领受上帝白白施予的恩典和应许，那么，人的行为就是有罪的和邪恶的，必然被定罪。人在称义之后不但不会弃绝善行，相反会爱慕和宣扬它们，必然能行善，做万人之仆，这就牵涉到路德所说的第二个命题。

正如前述，人不但是内在的、属灵的人，而且还是外在的、属肉体的人。虽然内在的人因信心而得救，是完全富足的，不需要律法和善行，但是因为人还生活在肉体之中，过着世俗的生活，所以还需要不断增强信心，这样，他就必然遵行律法，施行善事。

善行表现在两个方面。首先，基督徒所做的普通善行或为自己所做的善行，这表现在通过禁食、守夜、劳作以及其他合理的戒律来约束和磨炼肉体，消除其邪情私欲，攻克己身，使它屈服于圣灵，顺服和适应内在的人。表面上看，路德又恢复了他过去一再反对的诸种苦修之法，但其实不然，虽然行为相同，行为的出发点和动机却完全不同。路德并不反对行为本身，而只是反对行为者在行动时所持的观点，如果试图凭借自己的行为赢得救恩，那么，这种行为是邪恶的；反之，从信心出发，心甘情愿地做上述行为，以坚固自己的信心，那么这种行为就是真正的善工，值得提倡。怀有前一种想法的人与后一种想法的人差异极大，前者并不关心克服自己的情欲，只在乎行为，尽管不是心甘情愿，但是仍然尽量多做善事，以便被上帝称为义人，因而他们甚至可以灭绝自己的本能；相反，后一种人因信而享有救恩，极其富足，然而他心甘情愿地、自由地做善事，以便讨上帝喜悦，他只是约束身体使其顺服灵性的要求，而不用灭绝身体和本能。只要清除了肉体的邪情私欲，人为维持自己和种族的生存而进行的诸如吃喝拉撒之类的行为都是被允许的，人应该爱惜自己的身体，不必因为干这些事情而感到罪恶。人爱惜自己的身体不但可以使自己身体健康强壮，活得更好，而且还能凭借此为他人服务，照顾他人。这就涉及善行的另一方面，即与人为善。

人生活在社会中，必须与他人说话和交往，这就存在着采取何种态度对待别人的问题。是自私自利，还是与人为善？基督是享有尊荣的神，并不在律法之下，根本一无所需，却为了世间的罪人甘愿接受律法的辖制；他是万有之主，然而却取了奴仆的形象服事人，并将他所成就的一切都归给他们。因此，虽然基督徒因信心而与基督一样取得了上帝的形象，脱离了一切律法和善行，但是他们仍要甘愿虚己，取奴仆的形象，帮助邻人。像上帝借着基督白白地救助他们，使他们富足和满怀恩典一样，他们也要不计较个人的毁誉得失，无偿地为邻居提供帮助，向上帝展示自己的信心与公义，使它们为邻居的罪孽遮掩和代求，替他们承担罪孽，并为此而劳苦，好像自己造了孽活该如此似的。

与人为善有诸多表现，例如尽本分干好自己的工作，尊重他人，顺服和服事他人以及掌权者。路德再次强调与人为善不是指望借此涤除罪孽，获得救恩，相反是因信称义之后甘愿这样做。前一种做法是很功利的，是人迫不得已而做的，绝对要求回报，而后一种做法是因信称义之后的自由的行为，因对上帝的相信而产生爱和喜乐，由爱而生出慷慨，心甘情愿地服事邻人，以此为乐，不计较回报和个人的得失。

路德指出，基督徒不是为自己而活，而是为基督和邻人而活；他凭借信心活在基督里，凭借爱活在邻人里；凭借信心被提升于万有之上，而因为爱而甘愿降到万有之下，做众人之仆，可见基督徒的这种属灵的自由能屈能伸，真正是自由自在。但是这种自由并非任意放纵情欲，为所欲为，而出于信和爱自愿约束自己的身体，使之服从灵性的要求。因为信心导致爱，所以，信心在人与上帝的关系和人与邻居的关系中都起着基础性的作用。信心能成就一切，但是人们往往忽视信心的作用，过分依赖和相信善行和仪式，以为循规蹈矩就能得救。路德承认仪式和律法可以约束人，避免作恶，然而却不能凭借它称义得救，只有靠信才能称义。他打比方说，仪式在基督徒生活中的作用就如同模型和蓝图在建筑过程中的作用，模型和蓝图只是为建筑服务，当建筑完成之后，它们就被搁置一边。如果人们过分看重仪式，就如同建筑师和工匠专注于设计出完美的蓝图和模型，却总是不开工，将其变为现实。对于那种制定和顽固地坚持仪式和律法并希图以此得救之人，路德主张基督徒使用自己的自由，坚决抵制他们，偏不遵行仪式和律法，做他们视为罪大恶极之事。不过，对于那些信心软弱之人，就不要使用自由，而应与他们一起遵行律法，免得触犯他们，让他们逐渐认清自己的自由，摆脱律法的辖制。由上可见基督徒的属灵自由是何等的自在、无拘束，然而却也能因为爱他人而甘愿受拘束。

因此，路德前面提出的两个命题并不矛盾，做万人之主与做万人之仆都是人因信而获得的自由状态，它们将信上帝与爱邻居、荣耀神与帮助他人有机地结合在一起。对上帝的爱并不是自私之爱，它在无私地爱他人之中体现出来，以此荣耀上帝。人们并不需要远离生活去苦修禁欲，超越世俗道德，相反要完成现世社会赋予他们的职责与义务。这是上帝的呼召，爱他就表现在愿意和勇敢地承担自己的天职和责任，在婚姻中忠实于伴侣，为他（她）服务，接受社会给予自己的职业，尽职尽责，为他人服务和谋福祉。

综上所述，路德在1520年已经由他最初的神学发现和突破最终发展出一套成熟的神学体系，在思想上已经完全与罗马教会所持的教义划清了界线，对于宗教的权威、得救的根据、教会观、圣礼观以及基督徒的生活理想和规范提出了与之针锋相对的说法。宗教信仰的权威是记载上帝所默示的话语的《圣经》，而不是在历史中发展起来的传统、律例和权威，譬如教皇或宗教会议；唯有道成肉身来到世间，并被钉死在十字架上，然后从死里复活的基督承担了世人的罪和死亡，并将他的义和永生归给人，得救的根据只在于上帝的恩典，罪人借着恩典的管道即信仰与基督结为一体，领受救恩，而不是靠人尽其所能，符合上帝的要求而赢得救恩；教会是建立在"因信称义"和"信徒皆祭司"的基础之上的信徒团契，是民主、民族、自治、廉洁、淳朴的属灵团体，而不是由教皇担任首领的等级森严的、充斥着权力和金钱的庞大组织，唯有基督是教会的首领，神职人员是信徒选举出来的专职事奉的人，他并不比平信徒有更多的权力，信徒之间彼此平等；圣礼是借着信心领受上帝应许的标志，只有洗礼和圣餐这两项圣礼，神职人员只是主持圣礼而已，并无特殊的能力和权柄；人在称义之前不能做善工，在称义之后才能并且必然做善工，而只有借着信仰才能领受救恩，被上帝视为义，然后必然能行善，信仰上帝必然导致爱邻居，以此荣耀他。

路德完成了奠定未来新教之理论基础的著作，他是揣着真道装糊涂，与教廷妥协，保全性命，还是为捍卫真道而与教廷决裂，甚至不惜牺牲生命？该作出最后抉择了。其实在获知谕令之前，路德就预见了他被革出教门、其著作被焚烧的命运。他已经下定决心，如果教会人士咒骂他的著作，焚烧它们，他就把全部教会法烧掉。埃克在德意志四处宣布谕令，而美因茨和科隆作出响应，焚烧了路德的著作。为回击这种恶行，在恩赦期截止的 12 月 10 日，维滕堡大学的师生在城门口集会，将教皇法令、教会法规和经院哲学著作付诸一炬。路德本人亲手将那个通谕投入熊熊大火中，斩钉截铁地说："因为你已经败坏了上帝的真理，愿上帝将你毁灭在这火中!"路德后来说："他们先烧了我的著作，我也烧他们的著作。"他毫不后悔，认为这件事"是他一生中做得最好的事情"。

第 5 章

矢志不渝　实践真道

1521 年 1 月 3 日，教皇正式公布破门令，开除路德的教籍。路德该做的已经做了，他的命运已经不由他来掌控。依据教会法，下一步教廷就会要求帝国皇帝批准教谕，宣布路德是帝国罪犯，并将之缉拿归案。如何处置路德成了摆在帝国皇帝和诸侯贵族面前的棘手问题。政治角力的时刻到了。

沃尔姆斯帝国会议：坚守真道　甘为要犯

1521 年 1 月，神圣罗马帝国皇帝查理五世决定在沃尔姆斯召开他即位以来的首次帝国会议。作为西班牙国王和神圣罗马帝国皇帝的他焦头烂额。此时，西班牙爆发了市民起义，而与法国争夺意大利的战争也一触即发，他迫切希望与过去反对他继承皇位的罗马教皇和解，以便获得支持，而惩处路德就成了不错的和解礼物，并且惩处路德也能赢得忠诚信仰罗马教会的西班牙臣民的拥戴，赢得民心。但是帝国皇帝并不能任意作出重大决定，因为宪法规定了他在作出重大决定之前要与王公贵族开会商议，并且他在寻求诸侯支持其继承皇位时也作出了这样的许诺。因此，他询问与会的帝国要员是否惩处路德，但是这些诸侯意见不一，立场有分歧，尤其是位高权重的萨克森选侯坚决反对在没有公正审理路德的前提下草率惩处他。鉴于路德获得了社会各阶层的广泛支持，未经审判就惩处他恐怕会引起社会动荡，查理五世不同意教廷特使立刻逮捕路德的请求，决定不贸然逮捕路德，而是诉诸法律程序，召他参加帝国会议，要求他撤销自己的言论，如果他不就范，再定他的罪。3月26日，他给路德发放了安全通行证，要求他在二十一天内来到帝国会议接受审判。

但是统治阶级并非说话算数之辈。胡斯虽然是在帝国皇帝保证其人身安全的许诺下应召参加康斯坦茨大公会议，为自己的观点辩护，但是这次会议最终用火刑烧死了他。因此，当路德准备应查理五世之召去帝国会议为自己申辩时，不少人为他的性命担忧，以胡斯的悲惨遭遇劝他不要前往，但是他说："我一定要前往沃尔姆斯，虽然胡斯被烧死了，但是他所传播的真理并没有被大火烧掉。"路德义无反顾地决定深入虎穴，在虎口坚持基督的真理。他并非持廉价的乐观主义，而是已经作好了最坏的打算，他向助手梅兰希顿交代后事："如果我的敌人置我于死地，我不能回来了，你一定要继续传播和忠实地捍卫真理。如果你活着，我的死是微不足道的。"

4月2日，路德启程前往沃尔姆斯。在途中，各地的支持者夹道欢迎，鼓励他要勇敢行事，不要惧怕那些可以杀死肉体却不能毁灭灵魂的人，而要敬畏能把肉体和灵魂都毁灭在地狱之中的上帝，很多人还自愿跟随他。于是，此行就变成了声势浩大的游行和宣扬路德自己的宗教主张的机会。皇帝非常后悔召他前来，试图用各种阻挠和威逼利诱迫使路德放弃此行，但是路德仍然坚持己见，说"哪怕沃尔姆斯的魔鬼如同房顶上的瓦片那样多"，他也会坦然地前来。4月16日，他们到达沃尔姆斯。

次日，路德来到会议大厅，站在会场中央，他面前的一张桌子上放着署有他名字的很多著作。当审判官问桌上的书是否是他所写时，路德的辩护律师要求列举书名，于是审判官将书名一一念出，然后再问它们是否是他的著作，路德回答是。审判官接着问第二个问题："你仍希望将这些著作看成是你所有的，还是希望放弃其中的一些部分？"换言之就是问路德是继续肯定这些著作的全部内容，还是要抛弃其中离经叛道的部分。路德大声回答说这是一个信仰问题，关乎灵魂的救恩和人们必须尊崇的上帝的话语，因而不能鲁莽草率地回答，需要时间仔细研磨，他要求给予他时间考虑。皇帝与王公商议，最终同意给他时间，要他18日下午4时作答。

18日这一天与会的人更多，地点虽然改在了一个更大的会堂，但是除了皇帝本人有座位之外，其他人甚至诸侯都得站着。审判官要求路德回答第二个问题。路德勇敢坚毅地回答说他的那些著作不属于同一类，需要区别对待。这可能是他的策略，借此他就可以进一步陈述自己的观点，而直接回答是或否他就无法继续说下去。路德说，他的第一类著作论述信仰和道德，是简明诚挚和福音性的，这类书甚至连他的论敌都不得不认为是有用无害的，是基督教的读物，因而他无须放弃它。他的第二类著作猛烈抨击危害人的身心、造成基督教世界之荒芜凄凉景象的罗马教皇和教廷及其人为的法令和教理，如果他收回它，那么他就是在给他们的专制暴虐、虚伪不虔诚和腐败堕落大开方便之门，助长他们的嚣张气焰，因而他也不能放弃它。至于他的第三类著作，那是攻击那些试图维护罗马专制的人以及诋毁他的虔诚教理的个人，路德承认他那样做并非因为认为自己是圣人，也不是为自己的生存辩护，而是在争论基督的教导，他做得可能过于苛刻猛烈，但是为了防止暴虐和不虔诚再度滋生，更加猖獗，他也不准备放弃这类著作。总之，他不准备放弃他的任何著作。当然，如果有人能依据先知书和福音书指明他的错误，那么，他会马上抛弃自己的错误观点，并会亲手焚毁自己的著作。

审判官申斥路德转移话题，做出如此冗长的答词，并驳斥了他的陈述，说要恢复中世纪教会以及康斯坦茨大公会议谴责的观点。审判官要求路德简洁明确回答是否愿意收回自己的观点，路德斩钉截铁地回答："除非用《圣经》的明证或清晰的理智说服我——我不接受教皇和议会的权威，因为众所周知，他们经常犯错且相互矛盾——，因为我被自己所援引的《圣经》束缚，我的良心为上帝的话语左右，我不能并且也不愿意撤销任何东西，因为违背良心既不安全，也不恰当。我别无选择，这就是我的立场，愿上帝帮助我，阿门！"路德话音刚落，人群就骚动起来。他在退出门时，摆出胜利武士的姿势，举起一只手，有力地挥动一下，然后悄然离开。

次日，皇帝致信给与会诸侯贵族，宣布路德是异端并且要搜捕他及其支持者，但是鉴于包括骑士在内的很多人都支持路德，一些人主张与路德进行最后的谈判，皇帝同意了。但是几次劝说和谈判都没有取得他们期望的结果。皇帝害怕抓捕路德会引起事端，还是遵守自己的承诺，给路德二十一天的安全期，允许他凭借帝国发放的安全证离开，但是不得沿途传道宣讲"邪恶教义"，以免毒害人民，导致骚乱。5月6日，教皇特使向皇帝递交了他起草的指控路德以异端波西米亚人的方式攻击七项圣礼之罪的沃尔姆斯敕令，皇帝最终签署了该敕令。该谕旨通缉捉拿路德，禁止人们销售、购买和阅读他的著作，禁止窝藏、袒护和帮助他，否则予以严惩。自此以后，路德成为帝国通缉犯，人身安全失去了法律的保护。不过，帝国是个分裂的帝国，帝国会议的决议并没有那么大的权威可以摧毁路德及其支持者。

瓦特堡的"乔治贵族"：隐居古堡　潜心译经

4月26日，当帝国会议还在为如何处理路德争吵不休之际，路德一行人踏上了归途。一路相当顺利，他们受到了沿途人民和亲友的热情接待，并因为盛情难却，路德还进行了几次讲道。5月4日下午，当他们一行人在密林小道上赶路时，突然闯出一伙蒙面骑士，他们询问车上的哪位是路德。当路德承认自己就是时，这伙人不由分说，强行将他架上了马，给他披上骑士罩袍，可怜的路德在这关键时刻手里还紧紧地握着《圣经》，然后他们飞驰而去。

路德被绑架了！这个消息一下子就传遍了整个德意志。各种版本的传说纷至沓来，有的人说看见了他的尸体，有的人据此猜测说罗马教廷杀害了他，也有人说济金根派他的骑士劫持了路德，将他送到他的城堡保护起来。听到这个消息，路德的敌人起初幸灾乐祸。不过，因为教廷暗杀了路德的传言非常流行，这使得一些教廷人士及其支持者担心他们背上谋害路德的黑锅。一旦人们认定他们无法公开驳倒路德，却暗地里谋害他，他们会失去道义和民心，因而他们也希望找到路德，澄清谣言，然后公开惩处他。当然，还有很多人出于同情和理解，对路德的去向和命运深表关切，譬如在荷兰的德国画家丢勒在日记中写道："上帝啊！如果路德死了，今后还有谁给我们讲解福音呢？"

其实这一切不过是萨克森选侯"智者"腓特烈的计谋，他不能公开违反帝国会议的决议，包庇成了帝国通缉犯的路德，于是想法将路德"绑架"，藏起来，这样教皇和皇帝就找不到他，而惩罚也就成了一纸空文。事实上，当人们正为路德失踪的事情作出各种不同的反应时，路德已经于当晚11点到达瓦特堡，在那里隐居起来。他蓄起了胡子，脱下修士袍，装扮成骑士，并且改名叫乔治贵族，以免人们认出他来。

不过，隐居瓦特堡对渴望战斗的路德来说本身就是一种严厉的惩罚。他由一个公民变成了帝国的通缉犯，由一名虔诚的修士变成了所谓的异端，与罗马教廷彻底决裂，这些惊天动地的事情都在最近发生了。现在远离了喧嚣的、激烈的论争，远离了他热情的朋友和支持者，路德有太多的时间可以打发，进行思考。他说："我灵魂中的问题并没有停止，灵性和信心固有的软弱不断浮现。"当他思考这些事情时，他不是没有犹豫和怀疑：难道唯独他有智慧，而基督教错了一千年？如果他错了，那么多跟从他的人是不是都要和他一起灭亡？想到这，他都感到后怕。但是他有时又会自信满满，斗志昂扬，认为自己抓住了真理，他没有错。这样的思想斗争是很伤神的，何况他还患有严重便秘和失眠症，这些搅和在一起就足以令他垮掉。他说："我宁愿在燃着的煤上燃烧，而不愿在这里烂掉。"

为了不至于烂掉，摆脱精神上的沮丧和痛苦，路德找到了一个好方法，那就是工作。工作"使我在我的拔摩岛上不致懒惰"。事实也是如此，隐居的这段时间也是路德创作的高峰期。他撰写了一打有关《启示录》的书。他自己还向朋友汇报说，他已经完成了对他的论敌加大利和勒土马斯的答辩，"一本用德语写的论认罪的著作，《诗篇》67 篇和 36 篇的注释，一本尊主颂的注释和一本梅兰希顿答复巴黎大学的译本。我正着手使徒书信和福音书的讲章集。我抨击美因茨的红衣主教并且讲解那十个麻风病人"。

路德在这里并没有提到给他带来巨大名声的《圣经》翻译工作。他一直不满于被罗马教廷奉为圭臬的武加大版拉丁文《圣经》，因为正如前述，他发现该译本有很多错误。此前，诸多德文《圣经》都是依据此拉丁文版《圣经》翻译的，因而在路德看来就是以讹传讹，谬种流传。更为重要的是，路德强调"唯独《圣经》"，要依据他的"因信称义"理论和十字架神学译经和解经，而不是让荣耀神学和因行为称义理论掌控译经和解经；同时贯彻他的"信徒皆祭司"的原则，让信徒直接读到上帝的话语，与他沟通，而不需要通过教廷设立的神职人员。因此，路德决定亲自动手翻译《圣经》。

在翻译时，他力求糅合德意志各地的方言，用恰当流畅、简易明了的语言表达《圣经》中的上帝之言和深邃的神学思想，使走卒贩夫之辈都能读经解经，不需要仰赖掌握了古典语言的神职人员。路德如此之高的翻译要求是在极其简陋的条件下完成的。在翻译时，他并没有其他参考资料和辞典，只有他在被"劫持"之时紧紧握住不放的事先准备好的希腊文《新约》，那是经伊拉斯谟校订过的版本。路德夜以继日地工作，历经十一周，终于将《新约》全部翻译完毕。这是路德版《圣经》的初稿。随后，他在希腊文专家梅兰希顿等人的帮助下修改和完善他在瓦特堡翻译的《圣经·新约》，并继续翻译《圣经·旧约》。历经多年的努力，他终于在1534年完成了全部《圣经》的翻译。不过，路德并不满足于此，在有生之年还不断修改翻译，加以完善。

路德在翻译时并不主张死板的直译，而是结合自己的宗教体验和德意志本土的文化习俗，注意贴近德国的生活，力求将经文的意义活灵活现地再现出来。他极其认真，为了弄清犹太祭礼所涉及的山羊和牛的名称，他多次登门请教屠夫。即使如此，他还是认为有些言辞不能完全表达经文的意义，为此，他在译文中加入一些插图。他的努力获得了人们的认可，他的《新约》译本初版三千多册，一个月就销售一空，到1533年就已经再版了五十次。

虽然路德对《圣经》的重要性和权威地位强调到了无以复

加的程度，说它是"皇后"，所有人都应该臣服于她，教皇、奥古斯丁和保罗都只是《圣经》的见证者和认信者，令后人牢牢记住了"唯独《圣经》"这一信条，但是他对《圣经》中的内容并非一视同仁，等量齐观。他宣称基督已经启示在《约翰福音》《约翰一书》和保罗的书信，特别是其中的《罗马书》《加拉太书》和《以弗所书》以及《彼得前书》中，它们是正典中的正典，而其余的经卷即使永远不看都无关紧要。他还建议人们不要看《雅各书》，因为它是"稻草书信"，里面完全没有福音，毫无价值。他认为启示应该是清楚明晰的，但是《启示录》混乱不清，因而不应该信任它。路德对因信称义学说的重视有时也导致他的翻译过于主观化。譬如，尽管经文中写的是"因信称义"，但是他非要在前面加上"唯独"两字，即使别人指责他，他依然我行我素。他多次修改译文，但是始终都不肯去掉这两个字。

尽管一些人认为路德的《圣经》存在着主观偏好和随意意译等问题，但是它的确纠正了拉丁文版《圣经》的很多错误，它对宗教改革和德国语言文化的影响和意义，人们给出再高的评价也不过分。路德的《圣经》借着印刷术的进步进入平信徒的家中，它形象生动的本土化语言使得文化程度不高、不通晓拉丁文的普通人都能够在家阅读和聆听到上帝的话语和福音，发表自己对信仰的看法，而不用像过去一样完全依赖神职人员，"信徒皆祭司"的理论得到了具体体现和落实。路德的《圣经》以萨克森公文体语言为基础，糅合德国各地的方言，其语言通俗易懂，生动形象，词汇丰富，句型规范，建立了标准的德语体系，塑造和规范了正在形成的现代德语。因此，路德有时被人们称作德语之父。德国诗人海涅高度评价路德翻译《圣经》的工作，说他的这本书是德语不断更新的源泉，甚至夸大其词地说他"创造了德语"。

宗教改革的实践：革新教会　牧灵导师

当路德在瓦特堡隐居时，维滕堡的宗教改革正如火如荼地推进。此时的领导是卡尔斯塔特和梅兰希顿。他们鼓励那些不愿意继续修道的修士和修女还俗，离开修道院，过世俗的生活。1521 年 11 月，维滕堡奥古斯丁修道院的四十名修士有十五人选择离开，开了修士离开修道院的先河。此后，各地的修士和修女纷纷效仿。不仅如此，即使未离开的修士也可以结婚。同年，有三位修士结婚，美因茨的大主教要逮捕他们，卡尔斯塔特为此写了《论独身生活》的著作进行回击，宣称修士不但可以结婚，而且可以生子。他还躬亲示范，与一名少女结婚。次年 1 月召开的奥古斯丁修道院修士大会通过决议，指出每位修士都可以不受限制地离开修道院，取消修士托钵行乞和献祭。

他们还改革了教会圣礼。依据传统的圣礼，在进行讲道和举行圣餐时，神职人员要穿上神职服饰，在主理圣餐之前要禁食和认罪，要用拉丁语宣讲设立圣餐之言，大家要唱颂歌圣诗，当然最根本的是不让平信徒领圣杯，饼直接放在信徒的舌头上，以免他们洒落。现在这一切都变了。卡尔斯塔特穿着世俗服装在教堂讲道，在举行圣餐时，他用非常简短的拉丁文背诵弥撒，但是在祈祷文中省略了所有涉及献祭的话语。他用德语宣讲设立圣餐之言："这杯是用我的血立的永恒的新约，是灵和心的秘诀，这血是为赦免你们的罪而流的。"最令正统神职人员惊诧和愤怒的是，他将盛满酒的圣杯递给了平信徒，饼也不再被高高举起。他们还反对偶像崇拜，要求将圣母玛利亚等圣徒的雕像移出教堂。

路德时刻关注着维滕堡的改革，那里的运动让他揪心，他实在是不放心。于是，1521年12月，他身穿骑士服冒险返回维滕堡一探究竟。亲自观察之后，他对当地的运动比较满意，安心返回瓦特堡，并撰写著作支持改革者，写信慰问他们，指导改革事宜。但是当路德听传闻说有人主张使用暴力进行叛乱时，他撰写了《劝诫全体基督徒严防暴乱和激愤的书信》，旗帜鲜明地反对暴乱，说无论动机如何，暴乱都是不正确的，过激的、无理性的行动不但无益于改革，相反还会破坏它。他要求人们保持克制，指出反对上帝设立的政府就是反对上帝。由此不难看出，路德之所以与罗马教会决裂是因为后者完全不愿意认错和改错，从而作出适当的改革。路德不是革命家，他并不想进行激进的革命，只想从事温和的改革，革新教会，恢复原初教会的纯洁虔诚的属灵生活。事实上，在与以教皇为首的罗马教廷决裂之后，路德所从事的主要工作就是防止宗教改革矫枉过正，走向极端，采取激进举措。因此，他此后的主要论敌已经不仅是罗马天主教会，而是他昔日的战友和支持者。

除了这些和平之举外，更激进的宗教改革行动发生了，出现了反宗教的骚动。一部分学生和市民携带刀剑闯入教堂，不允许神父做弥撒，他们把弥撒书搬下来，将神父哄下圣坛。不仅如此，还出现了冲击修道院、毁坏圣像和圣坛、攻击神职人员的事件。同时，在维滕堡已经出现了宣扬世界末日来临、要人们通过暴力在尘世建立天国的茨维考先知，骚乱有愈演愈烈之势。这些都在路德的意料之外，违背了他的观点，他惊呼魔鬼已经闯入了他的羊群。萨克森选侯本人虽然同情宗教改革，但是作为统治者他有必要维持社会秩序，而作为虔诚的基督徒，他也质疑这些举动是否是真正的基督徒应该干的事情。路德担心事态变得严重，担心叛乱频发之后，这位开明的选侯将会受到帝国的压力而被迫屈服，这样宗教改革的大业就会失败。因此，路德决定永远离开隐居的瓦特堡，返回维滕堡，阻止激进的变革发生。但是形势已经发生了变化，他这一次回维滕堡面临的危险要远远大于他在沃尔姆斯帝国会议所面临的危险，因为那时他有帝国颁发的安全许可证，萨克森选侯也可以暗中帮助他，以济金根和胡腾为首的骑士则公开声明坚决支持他。而现在这一切都没有了。他现在已经是教皇和皇帝通缉的要犯。离开了瓦特堡，选侯不可能为他提供有力的保护，不可能为了他而公开对抗罗马教廷和帝国皇帝，这一点选侯在劝他不要回去时已经言明了。当胡腾邀请他与济金根会面，商量组织同盟发动起义时，他拒绝了："我不愿意靠暴力和流血来维护福音。"总之，返回维滕堡是极其危险的，但是路德认为回去是上帝的旨意，躲避是不被允许的，所以他义无反顾地选择回去。1522年3月7日，路德结束隐居生活，返回维滕堡。

在9日的礼拜上，路德登台，开始了连续八天的讲道，向信众讲解不能用暴力改革教会这一基本主张，这就是著名的"祈求神助的布道"。他指出，爱，而不是外在的东西，才是最重要的，人们要消灭他们深恶痛绝的教会的诸种弊端，但是毁坏祭坛、捣毁圣像、废除弥撒并不能完成这一目标。他说："帮助和赞成废止弥撒的人认为这样做是有《圣经》根据的。我同意，但是秩序何存？这件事情做得过火了，完全不顾合宜的秩序并且触犯了你们的邻居。如果你们事先用迫切的祷告向上帝呼告，并得到当局的帮助，那么，人们肯定会说这一切是从上帝那里来的。"只有人真的相信《圣经》，内心因为信而发生改变，才能革除弊端。路德宣扬信仰上帝、爱邻居和忍耐，要求会众先理解上帝的话语和旨意，从信心和爱出发来决定选择何种圣礼，要先赢得人心，不要冲动，不要急于求成，不要打倒一切。

事实证明了路德的领袖地位和影响力，在他讲道之后，茨维考先知被驱逐，卡尔斯塔特因其激进的改革主张和抨击路德是"维滕堡的新教皇"而被议会解职，黯然离开那里。激进的改革举措终止，维滕堡的骚乱平息，恢复了秩序。

尽管路德凭借个人的魅力和权威地位平息了动乱，让教会和社会恢复了秩序，但是一旦像他这样的权威领袖不在了，还有谁能担当大任，维持教会秩序，不使信徒迷失方向呢？教会应该如何进行改革的问题摆在了宗教改革领袖面前。他们意识到，重要的是贯彻路德神学的精神，对圣礼和教会组织等等进行一系列的改革，使教会成为属灵的团契，并向平信徒传讲福音，使他们成为被上帝教导的人。1525年之后，鉴于教会改革状况不明，路德建议接替已故兄长"智者"腓特烈担任选侯的"坚定者"约翰视察辖区内的教会。但是路德一向宣扬基督徒的自由，主张用宣讲神言和福音来保持教会的纯洁性，反对通过世俗权力迫使人们认同和追随圣礼仪式，他要求进行视察是否违背了自己的改革原则呢？他从前的学生阿格里科拉提出了疑问。路德回复说，他并没有违背自己的改革主张，基督徒在信仰上是绝对自由的，但是在世俗国度中要服从世俗权力，不能任意胡来。不过，他也强调，世俗诸侯主持视察工作，不是以诸侯的身份，而是以教会的基督徒的身份。

1527年底，约翰选侯决定视察辖区内的所有教会，要求梅兰希顿等人拟定视察条例。路德仔细审察了该条例。次年7月，视察开始。路德本人在健康恢复之后亲自参与了视察。视察的结果让改教领袖们大吃一惊：教会在财务上非常混乱，礼拜仪式不统一，在信仰和牧养上有很大的问题。尽管农民受了洗，领了圣餐，但是他们却不知道基督教的任何教义，甚至不知道使徒信经、主祷文和十诫。在路德看来，不知道基督教的教义的基督徒根本不是真基督徒，而是异教徒。农民野蛮粗俗，爱酗酒享乐胜过爱主日崇拜。最糟糕的是，作为牧羊人的牧师没有能力进行宣讲和布道，不让羊群误入歧途。

为此，路德提出了很多建议，做了很多工作。首先，推进教会的统一化、规范化的管理。最初临时向萨克森选侯辖区派出监督督导各地的教会，统一教会的财务，没收罗马教会的教产以支付牧师的工资和支持教会的建设，然后由诸侯在各个教区任命常设的监督进行督导。这样，新教从组织上就脱离了罗马教廷的管制。

其次，普及教育。早在确立视察制度之前的1524年，路德就已经写了《致德国所有城市的议员的信》，呼吁他们重视教育，加大对教育的投入，要求男孩和女孩都入学接受教育，宣称教育能培养出能干、博学、具有道德的市民，不让一个年轻人受教育比玷污一个处女的罪更大。在看到视察结果之后所写的《论让孩子在学校学习的讲道》中，他强调宗教教育的重要性，指出它并不只是精英教育，只培养神学硕士和博士，而且还要培养向未受教育的人传播福音、真道和在教会服事的普通牧师。

再次，路德积极参与教会的牧养，充当教会的牧师和牧师的精神导师。他不但翻译了《圣经》，使平信徒和牧师能够读到上帝的话语，而且还亲自为他所说的"野蛮的异教徒"（实质上是缺乏教育的基督徒）预备教理问答。事实上，路德早就意识到撰写教理问答的必要性，只是因为他过于繁忙，所以委托他人代理。但是他后来发现他们所写的教理问答粗制滥造，最糟糕的是完全没有按照他的神学思想写。譬如，有的问答说人是有罪的，应该永受惩罚，但是上帝派他的儿子耶稣基督代替人们受罚，如果人们愿意顺服上帝，爱他，那么他们的罪就得赦免。这里的"如果"分明强调了人的能动性，而不是强调赦免罪是上帝白白的恩典，这就与敌基督教皇的观点相距不远了。有的问答甚至将经文表里意义对立起来，对圣礼加以寓意化的理解，而这是被他称为异端和宗教狂热者的做法。

路德决定亲自动手，他投入了很大的精力最终写了两份教理问答：为儿童和没有受过很好教育的基督徒写的《小教理问答》以及为儿童家长和教牧人员写的《大教理问答》。它们都论述了作为反映罪的镜子的十诫、宣扬罪得赦免的使徒信经、接纳怜悯的主祷文，在附录部分除了论述受洗和圣餐这两项圣礼之外，还简要论述了各种祷告和悔罪的方式。相比而言，《小教理问答》直接陈述正确的信仰，而《大教理问答》除了增加篇幅论述婚姻之外，还对这些信仰进行了详尽的解释，并且始终贯彻路德对基督教信仰的理解及其对他所反对的那些观点的批判。在解释只敬拜主那条诫命时，他指出罗马教会主张敬拜圣徒是错误的，在解释使徒信经第三条"我信圣灵"时，他说人凭借自己的理性和力量无法相信第二条"我信我主耶稣基督"，而圣灵通过福音召唤人，用他的恩赐光照人，使人成圣和真信。在解释主祷文的祈求"免我们的债"时，他强调人们每天都犯罪，罪有应得，当受惩罚，但是上帝施恩，赦免罪人。最后在解释圣礼时，他批判宗教改革激进派对圣礼的寓意化理解。路德对他的教理问答非常满意，说如果要将他的著作毁灭，那么他非常高兴能留下《论被缚的意志》和《小教理问答》。

路德还对圣礼和崇拜仪式进行改革。他并不主张像他的同事们当初在维滕堡所做的那样进行大张旗鼓的改革，而只是要消除教皇制度的弊端，废除其中宣扬人的功劳的成分。1523年，他制定了弥撒和聚会的准则。他认为主的晚餐只是感谢上帝和借着基督与上帝相交，因而他取消了弥撒中要求神父代替信徒献祭的祝圣文。他放弃了过去以圣餐为中心的崇拜，而以福音书、使徒书信和讲道为核心，并允许信徒直接领圣餐，不过弥撒还是像过去一样以拉丁文的形式举行。但是路德后来意识到未受良好教育、听不懂拉丁文的平信徒没法注意到他坚决抵制的献祭已经被取消了，所以在 1526 年他又制定了德文弥撒，进一步简化仪式，并且完全用德语举行弥撒。

不仅如此，路德还在崇拜仪式中充分地运用了音乐。在他看来，音乐是上帝的一种美好恩赐，仅次于他的话语，是人的内心情感的管家。它能令魔鬼无法忍受，驱逐它们，能唤醒和感化信徒，使沮丧的人振作，令傲慢的人谦卑恭顺，让报复的人软化。在神奇的音乐中，人们能够看见上帝的智慧和异能，会借着音乐赞美主，尊主为大。因为教堂特有的结构使得唱出来的声音比说话的声音传得远，所以为了让信徒听懂祭司吟诵的福音书和使徒书信中的每一句经文，路德为他们预备了伴奏的音乐。在过去的崇拜仪式上，主持仪式的祭司和诗班是主角，而会众是完全被动的，偶尔用母语应和一下。但是路德要求所有会众都积极参与崇拜，人人充当祭司，用母语唱诗颂主。因此，后人称路德是会众唱诗之父。

路德不但鼓励会众唱赞美诗，而且还亲自创作赞美诗。1524 年，他出版了收录有八首赞美诗的《基督教小诗集》。同年，他与好友还出版了《新德意志宗教歌曲集》，收录了三十八首赞美诗，其中十三首为他所创，而最著名的就是他隐居瓦特堡期间所创、后来被恩格斯称为"德国十六世纪宗教改革的行军曲"的《我们的上帝是坚固的堡垒》：

> 我们的上帝是坚固的堡垒，
>
> 坚固保障永不颓；
>
> 致命凶恶虽在包围，
>
> 他作帮助我何畏。

路德的这些诗歌构成了新教礼拜赞美诗的基础。

路德不但积极参与教会的建立，而且还做教会的牧师。他勤于讲道，仅在 1528 年，他就在一百四十五天内讲了一百九十五次道。尽管他每年都要在圣诞节、复活节、圣灵降临节等重要节日围绕同一主题讲道，但是从不重复，每次都给人新鲜感，让听众有新的感受和收获。作为一个好牧师，路德除了讲道之外，还进行教牧关怀，关心他的羊群的信仰生活，抚慰他们的心灵。他向备受撒旦折磨的信徒传授他自己亲身经历而总结出的一套驱赶撒旦的方法：首先，用《圣经》记载的上帝的话语驱赶撒旦，耶稣基督也是这样做的。撒旦力图摧毁的是人对上帝的信仰和信心，因而保持它们，撒旦就无可奈何。其次，撒旦容易引诱和试探处在沮丧孤独状态下的人，因而要避免孤独，找到属灵的良师益友。再次，在沮丧孤独状态下要学会娱乐，譬如听音乐，因为魔鬼憎恶令人喜悦的音乐。最后，嘲笑奚落撒旦，甚至要怀着对他的蔑视"勇敢地犯罪"，因为撒旦是骄傲的，而嘲笑和蔑视他就会令他愤怒、沮丧，无计可施。

路德是教会的牧师，也是牧师的精神导师。早在 16 世纪 20 年代，他就已经开始训练和培养牧师，帮助他们在教会服事。在 30 年代，他意识到要对想做牧师的人进行严格的训练和考核，规范牧师的按立和安置。1535 年，应他的要求，萨克森选侯规定辖区内的尚未被主教按立但想要成为牧师的人必须到维滕堡大学神学系学习，接受考核和按立。他所在的神学系继续坚持他过去推行的改革，要求学生直接学习《圣经》、早期教父的著作和古典语言，同时恢复一度被废弃的辩论课，严格考核学生对他所倡导的信仰的认同和把握程度。

除了指导牧师培养工作，路德还亲自授课，撰写讲章。他早年在维滕堡大学做教授时就非常热爱保罗的书信，特别是《罗马书》和《加拉太书》，并撰写了《〈加拉太书〉注释》，因为在他看来该书最清楚地论述了如何称义这个核心问题，而一旦人们错误地理解了它，那么，整个基督教的教义就会完全丢失。为了向更多的人宣讲福音真道，他花费三年时间写作有关《加拉太书》的系列讲章，在 1535 年完成了这项工作。在结集出版这些系列讲章时，为了与他早年完成的《〈加拉太书〉注释》区别开来，它们被命名为《大〈加拉太书〉注释》。该书后来被称作"宗教改革的大宪章"，路德本人也极其看重此书，说它是"我的凯瑟琳·波拉"，即他的妻子。

修士修女的婚姻：躬亲示范 恩爱伉俪

路德掀起的宗教改革使得一些修士和修女脱去僧侣服，还俗过平常人的生活。维滕堡附近的西多会修道院的一群支持改革的修女向路德咨询何去何从。他建议她们离开，并且愿意提供帮助。但是她们所在的地区属于罗马教廷的顽固支持者萨克森公爵乔治管辖，依据他的为人，他会将诱拐修女的人判处死刑。不过办法总会有的，一位经常为修道院运送鱼的虔诚商人愿意提供帮助。1523 年复活节前夕，他将十二名修女藏到鱼桶中，然后用马车将她们送出了修道院。随后，其中的三名修女回家，其余九人则来到了维滕堡。她们无依无靠，身无分文，为避免更糟的事情发生，路德等人帮助她们物色丈夫，建立家庭。事情进展得还不错，两年之后，其中八人都找到了归宿，最后只剩下具有贵族血统的漂亮女子波拉。逃出来的这两年，她一直在家庭中做帮佣，学会了料理家务，变得非常能干，这一点后来证明是非常有用的。尽管如此，她的婚姻却成了一个大难题，因为她已经 26 岁了，在盛行早婚的那个时代，像她这么大的女孩已经处于失婚年龄的边缘。路德对她的终身大事作了安排，但是却被因为前面受过伤害而对这项安排不抱太大希望的波拉拒绝了，她说她宁可嫁给路德或者他的同事阿姆斯道尔夫博士。但是这两个人都已经过了结婚的年龄，路德当时已经 42 岁，鉴于当时人的平均寿命只有 40 多岁，他已经算是老人了。

路德一直都没有考虑自己的婚姻，以前是因为作为修士，他不需要也不能考虑，后来他与教皇和皇帝抗争，结果被革除教籍，成为异端和帝国通缉犯，随时都有可能被抓住处死，所以更不会考虑婚姻了。虽然他经常对婚姻发表看法，不过那更像是在谈论别人的事情，与自己无关，只是在履行他作为牧师和教授诲人不倦和给人指导的义务。在1519年的《婚姻的价值》中，他就宣称婚姻是有价值的，而在《教会被掳于巴比伦》中，他更具体地论述了婚姻观。他说，男女的身体都是上帝的创造，上帝要求人生养，而生养当然必须允许男女结合。他反对禁欲，认为独身誓言是无效的，强迫人独身只会令魔鬼有机可乘，让人陷入罪恶和奸淫之中，因此，修士和修女可以根据自己的意愿选择离开修道院。不难看出，他当时采取的是务实的婚姻观，性交就像饮食一样乃生存之必需，而婚姻可以满足欲望和生育后代，防止人因受情欲折磨而犯罪。

但是现在情况有变。在农民骚乱期间，路德回家看望了父母。老汉斯对已经不受独身誓言约束的马丁的婚姻表示了关注，希望能抱到孙子，子孙满堂。因当年决意修道令父母失望的路德希望弥补自己的过错，何况婚姻还能帮助一位孤苦无依的姑娘，给她一个归宿。作为宣扬新生活理念、要废除教廷陈规陋习的改革家，路德也希望通过他的婚姻确认他所教导的是真理，激励那些因为胆怯而在婚姻门口徘徊的人们。总之，按路德的说法，他之所以结婚是为了取悦父亲，让众天使欢笑，使教皇受羞辱，令魔鬼难堪和哭泣，为自己的信仰作见证。

路德说干就干，立刻向波拉求婚，在获得同意后，6月13日在修道院举行了订婚仪式，因为这符合他的主张，婚礼不是圣礼，不需要在教堂举行。接着，他广发喜帖，说上帝喜欢施行奇迹捉弄世人，用婚姻之轭俘获了他，他要结婚了，邀请他们参加修士和修女的这场让天使欢笑、令魔鬼哭泣的婚礼。不过，路德此时结婚可能真是不合时宜，因为他的保护人萨克森选侯"智者"腓特烈刚去世不久，农民骚乱也未完全平息。坊间流传着关于他结婚的各种谣言，譬如说波拉怀孕了，奉子成婚。有的说农民正在苦难中挣扎，而路德却只顾自己享乐，甚至连伊拉斯谟后来都嘲讽说，宗教改革原来只是为了一场婚姻。路德对于流言蜚语不屑一顾，懒得回答。这符合他的性格，他特立独行，想好了就会去干，不会考虑别人怎么想。

婚姻改变了老光棍路德的生活方式。他得习惯每天早上醒来枕头边有两条辫子，作为丈夫，他得注意妻子的感受，关爱她。不过，付出的同时，他也获得了无微不至的照顾，生活被波拉打理得井井有条。这是一桩美好的婚姻，夫妻相敬如宾，恩爱到老。波拉一直称呼路德为博士，用有礼貌的"您"，而不是用熟人之间常用的"你"，而路德则称呼她是"我主"或"我的肋骨"，他非常疼爱妻子，说就是拿法国或威尼斯交换波拉他也不干。波拉非常理解丈夫所从事的改教事业和树敌无数的艰难处境，给他安慰和鼓励。有一次，路德情绪极其低落，波拉见状便不多问，穿上一身黑衣，路德惊异，忙问："你在为谁服丧？"她回答说："看你垂头丧气，我猜大概耶稣基督又死了！"路德深感惭愧，马上振作起来。

但是这个恩爱和谐的家庭总是受到经济拮据的困扰。路德的家庭成员不断增加，他们共生育了六个孩子，还收养了很多亲戚的孩子。他的工资不是很高，虽然他著作等身，勤于授课，但是他却不要稿费和课时费，并且他一向慷慨大方，乐于助人，不断资助和收容那些需要帮助的朋友和病人。因此，虽然萨克森选侯将以前的奥古斯丁修道院赠给他，几次增加他的薪资，并且不时给予资助，可路德家仍然不宽裕。波拉固然抱怨路德过于慷慨，将钱赠给他人，但是她是一个非常善良、意志坚定且能干的妻子，她想尽办法赚钱，贴补家用，让丈夫安心工作，让孩子们吃好穿暖。她种地，饲养各种家禽，在自家鱼塘捕鱼，后来还购买了一个小农场，精心管理它。

波拉还将宽敞的修道院改造后租给大学生住，既方便他们，又可以贴补家用，而这又成就了一桩美事。在吃饭时，路德总是成为谈话的中心，他喜欢对着学生、家人和朋友高谈阔论，有时谈论《圣经》的奥秘和神学要义，有时又谈论自然和社会之理，而学生也乐于将饭桌当成第二课堂，总是带着笔记记下他的经典论述，路德著名的《桌边谈》就这样诞生了。

让波拉最为担心和费神的是丈夫的健康。路德年轻时苦修的后果在他年老时开始显现，他患上了痛风、严重便秘、结石、痔疮等诸多疾病，并且灵魂还经常处于争战和试炼之中，这也极大地损害了他的健康。他为人豪爽，喜欢用一个筒状大杯喝酒。该杯有三层圈，按路德的说法，最下面的一圈代表"十诫"，中间的圈代表"使徒信经"，而最上面的圈代表"主祷文"，路德以能喝至主祷文而自豪，而他的一些朋友则心向往之而不能。能干的波拉充当了家庭医生的角色，精心照料他，并且为了照顾路德的习惯，亲自酿造啤酒，供他喝，治疗他的失眠和结石。妻子无微不至的照顾令路德开玩笑地说，他要忏悔了，因为他信赖他的波拉多于信赖基督了。

正像路德自己所说的，经历过的人与没经历过的人在认识上差异很大，已婚的他对婚姻的看法也发生了变化。他不再将婚姻中的肉体结合看得那么重要，认为欲爱虽然让人沉醉，但却不持久，强调夫妻双方心灵的沟通和契合，只有真爱才能维持持久的婚姻。在他看来，婚姻是陶冶德性的学校，它教会夫妻双方忍耐和富有爱心。

不过，幸福和谐的婚姻和家庭生活只是路德生活的一部分，战斗仍然是他后半生的主要课题。善于结交朋友的他同样容易失去朋友，树敌无数。他要牢牢把握宗教改革的方向，防止任何人偏离他筹划的道路。为此，他除了继续与罗马教廷作斗争之外，还不惜与异教徒、宗教狂热分子，昔日支持他的农民、人文主义者和改教同仁论争，而这导致他们最终分道扬镳。

第 6 章

严守立场　四面树敌

当路德发表他的《九十五条论纲》，抨击罗马教会兜售赎罪券的丑恶勾当时，响应者云集。随着他在莱比锡辩论会和沃尔姆斯帝国会议上慷慨陈词，他的个人声望也达到了顶峰，他成了欧洲最著名的人物，获得了德意志各阶层的广泛支持。他们对他寄予厚望。贵族诸侯将它看作摆脱罗马教会的政治控制和夺取教产的大好机会；骑士阶层认为他会帮助他们抵抗罗马教会和银行家的盘剥，保护他们的权益；人文主义者认为他开启民智，扫除了蒙昧无知；饱受欺凌和压榨的农民认为他是支持他们享有基督徒的自由的传道人，在他那里看到了摆脱教会的剥削，乃至一切阶级压迫的机会；一些对教会改革抱有希望的教会人士也认为他是一位秉持良心的好基督徒，并响应和效仿他的改革，甚至备受压迫的犹太人也在他那里看到了获得新生和解放的希望。但是他们最终分道扬镳。路德虽然在宗教和政治上反对罗马教会和贵族的腐败堕落，却并不主张在这些方面采取激进的改革和革命，而只愿意进行适度的革新。事实上，在与罗马教会决裂之后，他的论敌已经不再只是罗马教会，而是他昔日的战友和支持者，他的主要工作就是防止改革矫枉过正，偏离他坚持的真道走向极端采取激进举措。他的神学思想及其偏执好战的性格使他作出了当时的人以及后人对之评价不一的很多事情，拉开了路德与异见分子的距离：他坚持两个国度的学说，要求信徒顺服世俗的掌权阶级，最终支持镇压农民运动，无意识地充当了贵族的帮凶；他放弃了过去所宣称的个人依据自己的判断选择信仰的主张，严厉对待持异见的宗教改革同侪（chái），一直憎恨在改革上持激进立场的重洗派，并与瑞士的茨温利等改教家围绕圣餐礼展开激烈论战，导致了改教阵营的分裂；他反对人在个人的救赎上有自由意志和功德，并为此与北欧当时最著名的人文主义者伊拉斯谟激烈交锋，使得人文主义者疏远了他领导的宗教改革；他起初对犹太人的悲惨境遇抱有同情，然而终究无法容忍他们倾向于善工的律法主义和靠现世的弥赛亚获得救赎的社会理想，最终严厉抨击他们，还提出了为人诟病、给他带来坏名声的一套惩治计划。

农民战争和重洗派

德国农民饱受压榨和欺凌，这是因为德意志是"教皇的奶牛"，罗马教廷总是向德意志分派各种"福利"，譬如赎罪券，结果钱到了教廷手中，而农民却变得更加贫穷，生计无法解决，精神更无法平安喜乐。除此之外，因为德意志四分五裂，各地诸侯贵族巧立名目，自设各种苛捐杂税，农民苦不堪言。一些贵族甚至将河流、森林等据为己有，不让农民捕鱼、狩猎和砍柴，这严重影响了他们的基本生活。无望的农民受到了路德发起的宗教改革的激励，起初热烈拥护他，把他看作他们的同情者和支持者，将他所宣扬的基督徒的自由平等理解为人人在政治和经济上平等，要求社会公正，并从他翻译的《新约》中寻找他们需要的东西，譬如基督爱一切穷人和被压迫者，财产应该公有，耕者有其田。

在这样激烈的阶级冲突的背景下，政治问题成了当时人们论争的焦点。此时，站出来大声说话的人是闵采尔。他曾经听过路德的课，对他极其敬仰，称赞他是"榜样"和"灯塔"，说因为路德，他从福音中获得新生。当路德发表《九十五条论纲》时，闵采尔非常支持。1520年，经由路德推荐，他去茨维考做牧师，在那里推行改革。但是，他们两人的思想存在着巨大差异。尽管与青年路德一样，年轻的闵采尔也受到了陶勒和德国神秘主义思想的影响，但是路德后来抛弃了它们，或者更准确地说是在新的基础上选择性地吸纳了一些合理因素，而闵采尔却没有，相反将它们推向了极致。他赞同中世纪的"千年王国"思想，并将它们发展为政治主张，认为作为未来的理想社会的千禧年即将来临，现在人们应该做的是进行暴力革命，在人间建立天国。路德一直关注的是罪人如何称义，与上帝和好的问题，而困扰闵采尔的则是是否存在着一个人类需要与之和好的上帝，他认为信仰本身就体现了人的神性，基督不是神，而只是人类的先知和榜样。路德将《圣经》奉为绝对的权威，而闵采尔认为《圣经》不是绝对的权威，这本成文经只不过是一本白纸黑字的书而已。在他看来，路德的上帝是隐匿的、沉默的，只透过没有生命的经文启示给人，而他主张基督的灵就住在每个人中间，人们直接听到上帝的话语。尽管二人都反对罗马教廷，要求改革，但是路德只是要求重新回到原初教会的信仰纯正的状态，废除破坏信仰和恩典的各种教规和陋习，并且要以和平、非暴力的方式进行改革，而闵采尔的主张更为激进，他很早就组织过反对天主教会的秘密团体，并且将宗教改革看作末日审判和千年王国到来的预兆，要求通过暴力手段推行改革，在尘世建立天国。面对德意志风起云涌的阶级冲突和对立，路德像他平息维滕堡的宗教骚乱那样在1523年的

《论世俗当局的权力》中呼吁人们在受到不公正的待遇时要保持克制和忍耐，服从律法和当局。但是闵采尔却主张听从人民的呼声，采取激进的行动，改变现实，在人间建立千年王国，实现社会平等和公正。因此，路德与闵采尔的分道扬镳乃至冲突终究是无法避免的。

闵采尔在茨维考做牧师时接触到在维滕堡骚乱中出现的茨维考先知这一组织，他同情他们的境遇，并参与了该组织的活动。他在讲道中严厉批判神职人员，强调圣灵直接引导信徒，平信徒参与教会的管理，因而被驱逐，逃到布拉格。1523年，闵采尔做图林根地区的阿尔斯特德城的牧师，鼓动听他讲道的人杀死不虔诚的人，由此引发了人们捣毁祭坛、焚烧雕像的暴力事件。路德上书萨克森诸侯，谴责闵采尔的过激举动，认为他没有体现出基督徒的仁爱、忍耐和热爱和平，宣称基督徒不可屠杀不虔诚之人和捣毁教堂的雕像，而要通过受苦和宣讲上帝的话语来赢得人心。不但如此，他还呼吁诸侯不要袖手旁观，要驱逐犯法者，防止暴力事件导致血流成河。路德的呼吁得到了诸侯的回应，他们将闵采尔驱逐出阿尔斯特德。闵采尔随后到米尔豪森鼓动和组织农民起义。

当地存在着一种历史习俗：城乡平民把他们的疾苦写成若干条款，然后向领主请愿，将条款递交给他们，希望通过谈判达成和解，维护自己的权益，减少疾苦。1525年2月，路德的追随者和一个皮货商遵循路德的精神，模仿他的话语起草了《施瓦本农民的十二条款》。其大标题是"教会官厅和世俗官厅的所有农民和佃农向上述官厅申述的根本的、公正的主要条款"，小标题是"谨致基督徒读者，愿上帝的平安和恩典经由基督赐予你们"。农民的基本要求可以概括为如下几个方面：首先，在宗教上，每个村区有权选择和任命自己的牧师；牧师有义务宣讲神圣的福音，而不添加人的东西，如果牧师行为不端，那么信徒可以罢免他；农民愿意交纳合理的谷物什一税，这些税钱用于支付牧师的薪资以及分配给穷人和备战，但是他们拒绝交纳小什一税（水果和蔬菜税）；因为基督用宝血解救和赎回了所有人，所以农民不是奴隶，而是与贵族平等的。其次，在经济上，农民有权狩猎、捕鱼、伐木；要减轻农民的负担，只征缴合理的地租，课罚农民要依据成文条例，秉公执法；村区草地和耕地归村区公有，私人不得侵占；废除缴纳死亡税。熟悉路德在沃尔姆斯帝国会议上庄重申明的平民在最后一条中指出，他们拟定的条款都与《圣经》相符，如果当局依据《圣经》证明某些条款不合理，那么他们愿意取消它们。该条款声明，福音不是叛乱滋扰的原因，它并没有攻击政府。

尽管路德满意农民的申述合乎福音精神，和平地提出要求，并且认为他们的要求有其合理性，对他们的苦难境遇表示同情，但是他拒绝了他们的绝大多数的要求，譬如对于农民要求选择自己的牧师的请求，路德说那得看农民是否付得起薪金供养牧师，而且还需要得到诸侯的许可，不过诸侯显然不会同意。因此，他们的这个要求不会被满足，与其为此叛乱，还不如移居国外得了。路德甚至说农民要求废止什一税无异于主张公开抢劫，而要求废除农奴制的人完全误解了基督徒的自由，是要求把属灵的自由变成肉体上的事情。不但如此，路德在《论世俗当局的权力》中说世俗君王是上帝任命的，是他的"惩罚之手"，抗拒他们就等于与上帝抗争。他还呼吁农民不要使用暴力和发动叛乱，说那有违福音的精神，暴力和叛乱不能使人称义，必然导致谋杀和流血，手执利剑的人必然死于剑下。但是路德在《和平的劝谏》中也批判当局和贵族，说农民的要求是正确合理的，不幸的叛乱完全因为他们自己，他们终日游手好闲，穷奢极欲，欺压百姓，他们如此不善，与其说反对他们的是农民，还不如说是上帝，上帝愤怒了，要借农民之手惩戒他们。路德要求善待农民，给农民一点生存的空气和空间。

路德的这种看似息事宁人、各打五十大板的方法令当局和农民都不满意。闵采尔抨击路德的和平主张，还污蔑他向诸侯屈膝投降："正因为你在沃尔姆斯左右摇摆，贵族才没有杀你，反而释放你。"并且说他是"维滕堡的行尸走肉""王侯的谄媚者""谎言博士""猫脚博士"和"安乐椅博士"。在闵采尔看来，众诸侯以高利贷吮吸农民的血，侵占河流森林，而路德只会应声"阿门！"路德呼吁农民不要反叛，因为上帝已经把剑交给了当局，但是使用剑的能力却掌握在农民手中。不仅如此，闵采尔还继续煽风点火，火上浇油，他扯起有彩虹标识和"主道永存"标语的大旗，将各地的农民召集起来，自我标榜为"基督徒教友"，高声呼吁农民"冲！冲！冲！格杀勿论！"这些人到处抢劫，焚烧修道院和教堂，叛乱和流血正像路德预言的那样发生了。

各地频发的暴力事件和叛乱令路德愤怒，忍无可忍。因为闵采尔鼓动暴乱，路德已经对农民不再抱有同情，同时他也不满别有用心的人士说他鼓动农民造反，担心改教事业会因此毁于一旦。因此，他在1525年5月出版的《反对杀人越货的农民暴众》中抨击闵采尔，说他是大魔鬼和撒旦的工具，只鼓励农民抢劫杀人。他还宣称公然反叛的农民不受上帝的律法保护，诸侯应该用血腥而不是祷告赢得天国，他要求诸侯能"打"，能"杀"，能"刺"，因为"就像一个人必须杀死一条疯狗一样，如果你不攻击他，他便要攻击你和你的整片土地"。具有讽刺意味的是，当农民不满自身所处的悲惨境况，要求用武力改变现实时，路德要求他们服从上帝的意志和当局，即使反抗也只能是消极的，进行祈祷和和平抗议，然而甚至当生命垂危的萨克森选侯"智者"腓特烈都认为虐待农民的统治者自作自受，应该把事情交给上帝，让他的愤怒加诸他们身上时，路德却跳出来，鼓励诸侯拿起武器，血腥镇压这些毫无战斗力的农民，无怪乎人们说路德的作品太善变了。

各地诸侯纷纷采取行动平息叛乱。在弗兰肯豪森，闵采尔带领的装备极差的农民军与训练有素的诸侯军队遭遇。诸侯使用诡计，假意向农民军抛出橄榄枝，说只要交出首领，就可以保证农民军士兵安全。结果农民军内部争吵不休，一片混乱，有些参与军队的贵族和骑士力主议和，于是派人与诸侯谈判。诸侯同意停战三小时，要求交出闵采尔及其信徒便可以赦免其余人的罪。闵采尔鼓动农民军继续坚持抗击，并做了最后一次讲道，他说："你们不要被那些行尸走肉吓倒了，要大胆地去攻击你们的敌人。你们用不着害怕枪弹，因为你们会看到，我会用袖子接收一切射向我们的子弹。"此时，天空恰好出现一道彩虹，而这正与农民军的军旗相似。闵采尔宣称这是神迹，借此鼓励士兵继续战斗，说上帝与他们同在，上帝不愿意与那些不虔诚的人议和，会保佑他们的，诸侯就要完蛋了。诸侯军做了一件不光彩的事情，他们违背诺言，在停战期限还没有到时就突然用枪炮对农民军发起两面攻击。结果可想而知，农民军惨败，闵采尔的袖子并没有帮他们挡住子弹，多达五千农民军战士被杀，六百人被俘虏，闵采尔也被抓住处死。其他地方的叛乱陆续被血腥镇压。

不幸的是，因为路德那篇严厉斥责农民、喊打喊杀的文章出版得较晚，刚好在弗兰肯豪森的血腥大屠杀发生之时，所以这篇文章使得各界人士倍感震惊和诧异，路德的名声也受到了不可估量的损失。有人讽刺他："他点燃了这把火，现在又乞求诸侯去刺杀、殴打和杀死他们……当到处都燃起了熊熊烈火时，他又想去扑灭它们。"一些诸侯贵族诬称路德要对此负全责，而农民对他也非常失望，说这位导师出卖了他们。批判声音如此之大，以至于6月他不得不写另外一本小书《有关严厉斥责农民一书的公开信》以消除对他的不利攻击。但是道歉和屈服不是路德的风格，他百般辩解，仍然坚称叛乱是最糟糕的事情，必须用武力镇压。他强调他的攻击并非专门针对农民，而是一视同仁地对待农民和诸侯。他也对诸侯军的滥杀深恶痛绝，说撒旦没有回到地狱，只是从农民身上转到诸侯和领主身上，他们为宣泄仇恨甚至凶残地屠杀已经投降和被关押的农民，地狱的烈火会烧掉这些残酷的暴君。

但是路德的努力收效甚微，对他的指责并不见少。支持罗马教会的诸侯要求他为惨剧负全责，并且以此为由指控路德派的牧师，排斥和禁止他们在其领地内传教。这次农民战争的后果是，农民受到了打击，希望破灭，变成了无角的公牛，此后沉默了三百年。经历了此事，很多农民不再同情和支持路德，他们在被路德斥为"异端"的重洗派那里获得了慰藉。

重洗派是宗教改革的激进派，茨维考先知就是其中的一个支派。该派强调受洗之于基督徒的重要性，宣称只有心智成熟、能够自主选择的成人才能受洗，而婴儿不能受洗，因为前者能够清楚地认信基督教的信仰，而后者则不能。鉴于基督徒父母通常把他们的婴孩带到教堂受洗，该派要求，当这些孩子长大成人之后，如果他们真正认信基督教的信仰，那么，他们应该重新受洗，成为真正的基督徒。据此基督徒才可能建立起纯洁的真教会。他们还相信《圣经》对于基督徒的信仰及其教会组织有明晰的启示，每个信徒都被圣灵感动，都是传道人，都有宣讲福音和自由传道的权利。重洗派的信徒大多是下层百姓，他们很虔诚，重祷告和阅读福音书，为人谦卑，对其他宗派的信徒非常宽容，道德高尚，因而吸引了大批基督徒。他们在通常情况下是非常和平温顺的，反对战争。不过，重洗派的个别组织也曾组织和参与了叛乱。支持罗马教廷的势力和主张宗教改革的势力虽然关系如同水火，但是在镇压该派上却取得了惊人的一致。当时流行的一句话就是："那些要受浸的，就把他们浸死吧！"该派的许多领导和平信徒被投入水中浸死。1534年，不堪沉重压迫的重洗派信徒宣称得到了上帝的启示，上帝不要他们再做被屠宰的羊，而要像天使一样用镰刀收割庄稼，他们占领了威斯特伐利亚的明斯特城，推行圣徒统治。

路德对于该派的立场前后有些变化。1527年，他对信仰重洗派的穷人被残酷地屠杀和烧死感到伤心和难过，认为每个人都有依据自己的判断选择信仰的自由，信仰不是强迫的，除非他们亵渎和煽动叛乱，否则，应该用《圣经》和神言来劝诫他们，而不是用武力和火来对付他们。如果他们信错了，那么地狱之火自然会惩罚他们。但是在1529年的斯派尔帝国会议上，信奉天主教和新教的诸侯一致同意处死重洗派信徒。1531年，路德认为重洗派否定神职制度，非难牧师讲道就是亵渎，抵制真正的教理而宣传没有根据的教理，禁止婴孩受洗就是分裂教会和颠覆社会秩序之举，实属煽动叛乱。在1532年的《论秘密渗透的传道人》的信中，路德宣称主张人人可以自由宣讲福音的人已经成为撒旦的工具和被鬼附体的人，是在做撒旦的工作。如果一个信徒没有被呼召和按立为牧师，那么他是不能自由宣讲福音真道，主持圣礼的。尽管路德在1536年甚至取消了爱好和平的重洗派与鼓吹革命的重洗派的区分，严厉斥责该派，说他们的主张和行为就是煽动叛乱，要求处死与该派相关的所有人员，但是在1540年的桌边谈话中他又回到了较为温和的立场，认为只有煽动叛乱的重洗派信徒才应该被处死，其余的则应该被驱逐。总而言之，路德对重洗派是非常严厉的，指责他们的激进举措背离了福音，混淆了世俗国度与天国的区分，废弃了基督教的和平和宽容原则。但是到底谁背叛了宗教改革最初宣扬的依据个人的判断自由选择信仰的原则和宽容立场，这却很难说。具有讽刺意味的是，宗教改革的重要意义就是反对独断专制的罗马教会，倡导不受外在的规范限制的内在自由的信仰，然而改教家却在倡导和捍卫自己的信仰自由的同时却忽视乃至压制他人的信仰自由的呼声和要求。

与伊拉斯谟论战

正如前述，路德很早就接触到了人文主义者，他们为早年处于艰难求索之中的他寻找真道提供了掌握古典语言和解经技能所必需的工具书以及《圣经》等经典著作，他在维滕堡大学任教时还与那里的人文主义者，譬如希腊文教授梅兰希顿过从甚密。对很多事情，路德与人文主义者有共同的或相似的主张，譬如他们都批判腐败的罗马教会及其推崇的经院哲学，都要求回到古代的经典，推崇《圣经》以及早期教会的教父著作。正是因为有这些共同之处，所以他们可以在一段时期相互支持，一起批判僵化腐败的现有教会体制，譬如路德用拉丁文写作的《九十五条论纲》正是因为人文主义者高效率地翻译成德文并在各地传发，才造成了轰动效应。在莱比锡论战之后，人文主义者给予了路德及其改革很多支持。一些人文主义者，譬如梅兰希顿、布塞以及后来的加尔文受宗教改革的感召，最终加入改教阵营中，并发挥了领导人的作用。路德本人对人文主义者也颇有好感。当时的人文主义者都以他们名字的拉丁文或希腊文自称，路德亦未能免俗。大约从 1517 年起，宣扬基督徒的自由的他在签名时将其家族的姓 Luder 改为 Eleutherius（来源于希腊词，意思是"被解放的人"或者"自由人"）。虽然他后来放弃了这一做法，但是也没有重新用 Luder，而是将其改成了 Luther。后世沿用了路德的这个新的拼写方式。

但是人文主义和宗教改革毕竟是两个不同的思潮，尽管它们在上述方面有共同之处，然而如果仔细考量，这些共同之处已经蕴含着根本性的差异：尽管他们都反对罗马教会的腐朽堕落，但是人文主义者往往得到了教会高层乃至教皇本人的青睐，获得了他们的资助，而宗教改革者却往往不被他们接纳，与教廷尖锐对立；尽管他们都反对经院哲学，然而人文主义者只是反对它的烦琐分析和抽象论证，他们寻求简明清晰的神学，并不反对经院哲学背后潜藏着的依靠善工得救的基本理论前提，还试图通过改善人的德性来救世，而路德则坚决反对这一点，要求回到恩典和信仰本身；尽管他们都推崇《圣经》，然而人文主义者并不像路德那样将它视作唯一的、最高的经典，只承认它的权威性，在他们看来，它在地位上并不比其他古代的经典之作高多少；他们对待早期教父的态度也有明显的不同，譬如伊拉斯谟尽管批判哲罗姆翻译的拉丁文《圣经》，指出其有很多错误，然而他非常推崇这位主张神人合作说的教父，而路德尽管尊重哲罗姆，但是对他的兴趣却远远比不上对强调上帝恩典的奥古斯丁的兴趣。人文主义者倡导理性、节制和温和，讨厌改教家推崇信仰以及他们的不宽容、独断和语言暴力，也不满宗教改革轻视和破坏宗教艺术以及世俗的学术研究所导致的文化衰落，担心过分抬高信仰会导致蒙昧和道德废弛。上述差异和不同最终都可以归结到他们之间的一个更根本的差异，即对人的价值、尊严和人的自由意志的不同认识上，这种差异在宗教改革的领袖路德与当时最著名的人文主义者伊拉斯谟之间的论争上最鲜明地体现出来。

起初，两人关系相当不错。对于路德的《九十五条论纲》，伊拉斯谟表示赞同，他说："我听说每一个善良的人都会同意路德……路德的论文，我想除了少数靠炼狱生活的人之外，没有人不赞成。"他拒绝教廷的要求，没有公开批判路德。当罗马教廷将路德当作异端，要传唤他去罗马受审时，伊拉斯谟明白路德去罗马意味着什么，他反对这种随意扣异端帽子的做法，说即使路德犯了错，他得到的应该是纠正，而不是死亡。当教皇派遣特使到德意志督促惩戒路德时，选侯腓特烈向伊拉斯谟咨询，而后者认为不应该禁止路德的宗教主张，路德没有错误，如果有，那只是他攻击了戴着皇冠的教皇和腆着大肚子的神职人员，于是选侯坚定了维护路德的决心。伊拉斯谟在得知了教皇的《逐路德出教》的谕令之后说它残酷无情，与教皇的温和性格不符。在路德受传唤到沃尔姆斯帝国会议这件事情上，伊拉斯谟要求选侯支持路德，并保护他的人身安全。路德也对伊拉斯谟表现出了尊敬和好感，一度称呼他是时代的指路明灯，并向人宣称他只不过将伊拉斯谟的观点更清晰、更直接地表达出来。在致信给伊拉斯谟时，路德也谦虚地自称是"你在基督内的小弟兄"。

但是即使如此，二人私底下仍然表达了对彼此的不认同和抵制。1516 年 10 月 19 日，路德致信斯帕拉丁，说青年人的精神领袖伊拉斯谟没有读懂《罗马书》第 5 章中的原罪，没有理解奥古斯丁对佩拉纠的批判以及他的《论灵性意义和字面意义》。1517 年初，路德说他对伊拉斯谟的尊敬与日减少。在焚烧了教皇的谕令之后，他并不指望伊拉斯谟会支持他，因为在他看来，伊拉斯谟还相信靠礼貌和恩德可实现改革。同样，伊拉斯谟在 1519 年 5 月的信中说，他没有空闲阅读路德的著作，不过据他对路德思想的了解，他不赞同路德将教皇而不是误用了他的权力的部下作为攻击的对象，宣称谩骂和暴乱解决不了问题，根深蒂固的旧制度和恶习非一朝一夕之功所能改变，要求路德冷静地、慢慢地解决，不要将矛盾升级，直接挑战教皇的权威。教廷人士指责伊拉斯谟，说路德孵出了他所产的蛋，但是伊拉斯谟回应说他下的蛋是颗母鸡蛋，而路德孵出的是只斗鸡。这说出了他们两人思想的关联和差异。伊拉斯谟提出了改革宗教的主张，但是他采取了温和的立场，只要求对百姓进行必要的启蒙和开化，使他们信仰虔诚、道德高尚，反对进行大张旗鼓的宗教改革。但是路德坚决主张依据他的新发现和十字架神学对教会体制和神学进行系统的、彻底的改革。

不过，两人都保持了克制，并没有公开攻击对方。路德的主张赢得了广泛的支持，伊拉斯谟的很多支持者都投向了路德的怀抱。伊拉斯谟和路德在社会影响力上发生了此消彼长的变化。1523 年，发生了一件激化二人的关系、最终导致他们关系破裂、分道扬镳的事件。曾经是伊拉斯谟的信徒而后来成为路德的信徒的胡腾拜访了伊拉斯谟，尖锐地批判他是教皇的食客，不敢主张变革。这使得伊拉斯谟认为有必要澄清自己的观点，突出他与路德的差异，拉开他们之间的距离。他在亨利八世的大法官莫尔的提议下围绕自由这个主题向路德发起了挑战。1524 年 9 月，他发表了《论自由意志》一书，批判路德的观点。

在该书开头，伊拉斯谟声称他在自由意志这类事情上持怀疑论立场，并宣称这种立场符合神圣不可侵犯的《圣经》和教规。他大量引用《圣经》中的经文说明《圣经》的论述并不清晰，没有给出结论性的回答。在他看来，人的意志似乎拥有一定的自由，对这个问题似乎没有肯定的论述。路德在海德堡论辩时说，自由意志在人类的始祖亚当堕落之后就只是一个虚幻空洞的名称，它只具有被动去做善事的能力，却总具有主动去做坏事的能力。针对此，伊拉斯谟指出这必然导致精神上的懒惰，废弛道德和善工，毁灭人的尊严和价值。在他看来，虽然人的自由意志因为人犯罪而受到了破坏，但是并没有被罪恶消灭，只不过非常软弱无力，以至于在接受上帝的恩典之前，人倾向于邪恶，而不是良善。不过凭借上帝的恩典，人的自由意志能够在灵魂的救赎上发挥一定的作用，人可以与上帝合作完成救赎。

路德对伊拉斯谟书中的观点感到震惊，这倒不是因为他认为其内容深刻犀利，而是因为他觉得该书作者极其无知，其内容糟糕透顶，完全不像出自伊拉斯谟这样的大学者之手。尽管他认为回复这样的作品真是困难，不过在拖延了很长时间之后，他还是作出回复，在1525年12月出版了其题名与伊拉斯谟的书名针锋相对的《论被缚的意志》一书。在该书中，路德不仅逐条反驳伊拉斯谟的观点，而且还回应了伊拉斯谟对他引用的每条经文所作的解释。

路德首先赞扬和感谢伊拉斯谟，说他关注自由意志，而不是教皇权威、炼狱、赎罪券的本质之类不相干的问题，是唯一一个抓住了事情本身和问题之关键的人。不过，他说他并不赞同伊拉斯谟的观点。针对伊拉斯谟的开场白说《圣经》没有对自由意志这样关乎救恩的重要问题给出最终答案，路德提出了猛烈的批判，说这种说法亵渎上帝，是撒旦的作为。

其次，对于人的自由意志，路德区分了两个层次。他说，"在人之下"的事情上，人有自由选择的权力，在这一点上，他并不反对伊拉斯谟。但是他强调，"在人之上"的事情上，即人与上帝的关系和人的罪的赦免问题上，人没有丝毫的自由和作为，只能信靠上帝，凭借他的恩典而获得救赎。路德与奥古斯丁一样认为，人在堕落之前有不犯罪的自由，但是在堕落之后就没有了自由意志，他的意志被罪和魔鬼捆绑和奴役，此时他的意志如同驮着重物的马，它如何行动完全听凭它的骑手的意志：如果上帝骑上它，它就以上帝的旨意为它自己的意志并遵此行事；如果魔鬼骑上它，它就完全顺服魔鬼。但是谁骑它也不是它能选择的，这依赖上帝的恩典，上帝愿意拯救它，使它摆脱罪的捆绑，那么上帝就会骑上它，而撒旦就没法控制它。

由上述可见，路德和伊拉斯谟在自由意志和人如何得救的问题上分别主张神恩独做说和神人合作说。正像伊拉斯谟一贯持调和立场一样，他不赞同神恩独做说，认为那完全否定了人的自由，导致人甚至都无法选择是接受还是放弃上帝的恩典，人完全成了上帝实现其旨意的工具和手段，只不过是个傀儡或木偶而已。路德则认为哪怕承认人在救赎上有一丁点自由，那么人就会自作主张，将自己抬高到能与上帝讨价还价的地位，而这种僭越必然招致上帝的愤怒和惩罚。在这里，路德实质上说出了他当年反对购买赎罪券的理论根源，他在这里不过是继续贯彻着他的因信称义的发现和十字架神学，他不愿意在自由意志这个问题上妥协，重新陷入早年困扰他的精神折磨当中。

路德的尖锐批评令伊拉斯谟深受打击，他两次撰文进行还击，系统阐发自己的宗教改革思想，但是这些著作影响都不大，而路德本人则忙于自己已经卓有成效的改革大业，不再理会他。此时，支持宗教改革的人将伊拉斯谟看作懦夫，说他领他们到悬崖上，鼓励他们往下跳，自己却仓皇逃走；而罗马教廷的支持者也对他不满，认为他反击路德的观点太温和，并且出现得太晚了，于事无补。反对激进的宗教改革而倡导和平地、渐进地改革宗教的伊拉斯谟最终成了两边都不讨好的人。时代需要斗士，而他却是绅士，他的观点更适合于理性的时代，出现在一个困境不通过大刀阔斧的改革就不足以打破的时代，多少有些不合时宜。经过这次论战，很多人文主义者对路德领导的宗教改革充满了担忧和失望，从而疏远了他，由此，宗教改革与人文主义这两个曾经交叉在一起的运动分道扬镳。

圣餐之争

耶稣在带领门徒过逾越节时亲自设定了圣餐，他掰饼，说

"这是我的身体"，然后又举起杯，说"这杯是用我的血所立的新约"。后来的教会将圣餐确立为圣礼，前面提及的《教会被掳于巴比伦》已经详细论述了罗马教会和路德对于圣餐的不同理解。其他改教家基本认可路德的这些观点，与他一样反对罗马教会所宣称的在圣餐中发生的两个奇迹——变质和献祭，主张用母语举行弥撒，平信徒同领饼和杯，领受者都在属灵的意义上领受了基督的身体和宝血。但是路德宣称基督存在于饼和酒之中，与饼和酒一起存在，并且在饼和酒之下存在，即基督真实地临在于饼和酒中。对此，他们并不赞同。当路德隐居瓦特堡时，其同事卡尔斯塔特在维滕堡进行了宗教仪式的改革，他把饼和杯一起分给平信徒，因为他认为饼和杯只是象征基督的身体和宝血，而不是像教廷所宣称的那样，当神父念祝圣祷文时，饼和酒的外在性质虽然还在，但其实质已经变成了基督的身体和宝血。路德后来制止了卡尔斯塔特激进的圣礼改革。在他看来，在念祝圣祷文时，基督的身体和宝血确实临在于饼和杯中，认为它们象征或代表基督的身体和宝血的观点没有《圣经》根据，是错误的。

但是事情并没有结束。卡尔斯塔特被驱逐之后四处流浪，沿途宣讲他的观点，并写了一系列文章与路德论争崇拜仪式，特别是祝圣祷文。虽然瑞士的宗教改革家如茨温利并未受到卡尔斯塔特的影响，但是他们也不认为基督真实临在于圣餐之中，相反，主张饼和酒只具有象征意义，领受圣餐是为了见证我们对基督为我们而死的信心和忠诚，纪念他为我们所做的一切，并且在他已经完成的工作中获得平安。

路德保持了一贯好战和攻击性强的风格，他批评瑞士的改教家是"假弟兄"和撒旦的工具，而后者也不甘示弱，拒不接受这个可怕的封号，这样，他们以及各自的支持者纷纷加入了论争。路德指责茨温利是理性主义者，完全从理性的角度审视上帝的话语，《圣经》明确说"这是我的身体"，而茨温利却为了合乎理性偏要将它解释为"这象征我的身体"，同时他还指责茨温利过于主观，完全从寓意上解经，没有强调基督的身体是上帝应许给我们的礼物，忽视了圣餐所需的信心，只将它看作纪念，但是除非认为耶稣的身体必须临在于圣餐之中，否则就削弱了基督的身体和宝血在救赎中的核心地位。而茨温利反过来指责路德过于神秘，完全忽视理性和反思《圣经》中的话语，强调基督的身体和宝血在救恩中的重要作用是没有问题的，但是《圣经》说基督已经升天了，坐在上帝的右边，他不可能还临在于圣餐之中，如果路德非要坚持这一点，他就否定了基督升天的教义和《圣经》的论述。

然而论争的规模和影响不断扩大不是支持宗教改革的政治家和诸侯们所愿意看到的景象，分歧和论争妨碍团结，他们担心改教阵营一旦分裂就会势单力薄，难挡支持罗马教廷的皇帝和诸侯的进攻。黑森侯爵腓力一世急于解决改教阵营内部的不合，遂邀请路德派、瑞士的改教家以及在圣餐论争中处于中间立场的斯特拉斯堡的改教家在马堡举行会议，讨论圣餐等一系列问题，消除分歧，结成精诚团结、一致对外的联盟。

1529 年 10 月 2 日，因为分歧，分散各地的著名改教家得以聚首，进行对话。与会的改教家包括维滕堡的路德和梅兰希顿、瑞士的茨温利、巴塞尔的埃克兰巴狄乌斯，以及斯特拉斯堡的布塞。这是一场激烈的恶战，尽管会议的组织者强调应该温和地陈述各自的立场，但是有时不免陷入剑拔弩张的局面，譬如路德一上场就抨击对手，说他们所持的观点是异端邪说，这令茨温利等人愤怒，他们表示抗议；同样，当路德批评茨温利的论证很蹩脚时，后者回击说自己的观点很有力，足够折断路德的脖子，而路德则借机嘲讽茨温利在瑞士进行的激进改革："不要夸夸其谈，脖子在这里没那么容易被折断，记住你是在黑森而不是瑞士。"

双方都引经据典，申辩自己的立场，将问题引向了肉体与灵魂的关系。路德在辩论一开始就用笔在桌子上写下耶稣的话"这是我的身体"，并且不断引用在他看来是铁证的这句话，说它已经明确说明基督的身体临在于饼中。埃克兰巴狄乌斯则说《圣经》中包含着许多比喻，耶稣的这句话和他的其他话如"我是葡萄树"一样都只不过是比喻。但是路德坚称他并不否定很多经文是比喻，但问题是他们要证明耶稣的这句话也是比喻。茨温利等人利用《约翰福音》第6章第63节的话"叫人活着的乃是灵，肉体是无益的"来解释祝圣祷文，说人的灵魂靠属灵的粮食而不是物质性的粮食存活，上帝是灵，直接在人的灵魂中做工，基督的身体无须临在于圣餐中。路德攻击茨温利引用的经文只是比喻，说的是人的污秽的有罪之身对于获得救赎是毫无用处的，并不能由此说不是基督的肉身而是不可见的圣灵临在于圣餐之中。茨温利则针锋相对地说路德所引的经文也只是比喻，只是说在灵性意义上吃基督的身体。他还指出，基督复活升天，坐在全能父的右边，他的身体不可能临在于饼和杯中。路德嘲笑这纯粹是几何学的证明，试图证明耶稣的身体在同一时间不能在两个地方显示，这种观点轻看了基督的能力，基督是神，他能轻易地做他想做的事情，他可以同时出现在多个地方。在路德看来，基督复活升天后，他的人性和神性开始互相沟通，他的无处不在的神性也存在于他的人性之中，他的身体当然就可以同时出现在任何地方。但是茨温利指出路德的解释非常神秘，难以理解，他说人性的特点就是有限性，局限于时空之中。路德这样描述的基督的人性其实已经不是真正的人性，人所能具有的身体不可能是无处不在的身体，既然如此，他必然否定有关基督升天及其人性的教义。

要指出的是，在圣餐论争背后潜藏着路德和茨温利等人对理性与信仰的关系以及解经方法的不同认识。茨温利等人偏重理性，认为基督的身体不需要也不能临在于圣餐中，否则他的人性及其升天的教义就不能成立。所以，为了不违反理性的要求，应该将耶稣的那句话作为比喻，进行寓意解释。路德反对用理性来理解上帝的作为，认为在圣餐中发生的转变是人不知道也不应该知道的，应该从字面意义上解释经文，基督的身体是重要的，它必须临在于圣餐中。试图运用逻辑假设理解圣餐是路德猛烈批判的荣耀神学和经院哲学的主张，在他看来，他们同样可以按照这种做法反对基督教的其他重要教义。

总之，马堡会议开了三天，大家争论非常激烈，眼看就要无功而返。在这种情况下，会议召集人不得不参与进来，强烈要求会议达成共识，结成联盟。路德受委托起草了十五条声明，提交给会议代表审议。令他惊奇的是，与会代表除了对涉及圣餐的第十五条持有异议之外，都认可其余条款，并承诺在持异议之处不公开攻击对方。这样，一个联盟形成了，尽管它只是暂时的，内部矛盾依然重重。它避免了改教阵营的内耗，这样他们就有精力和时间推行改革，并应对罗马教会。但是马堡会谈最终未能就圣餐问题达成共识导致了日耳曼与瑞士的改教阵营（路德宗与改革宗）永久分离。

分裂对于支持改教的诸侯而言是一场可怕的瘟疫，事实上，他们并没有放弃将改教诸派统一起来的梦想。在瑞士的茨温利和巴塞尔的埃克兰巴狄乌斯去世之后，腓力一世力图使维滕堡和斯特拉斯堡的神学家达成统一。1536 年 5 月，布塞、卡皮托等斯特拉斯堡的神学家与路德在维滕堡举行和谈。在路德面前，布塞等人承认不认同茨温利的象征说，并且宣称领受圣餐之人都领受了基督的身体和宝血，无论他们相信与否，尽管相信者和不信者都是不配的，但是不信的领受者将招致审判。于是，路德认可了他们的信仰告白，说他们现在统一了，是主内弟兄。他们还签署了《维滕堡和约》，确立了都认可的思想基础，并允许彼此在此基础上拥有各自的侧重点。

路德是反犹主义者吗？

自从犹太国灭亡、圣殿被毁之后，犹太人背井离乡，很多人流亡到基督教的欧洲。但是当时很多国家因为宗教信仰不同和错误地认为犹太人传播可怕的黑死病而非常歧视他们，有的直接驱逐他们，有的地方因为觊觎犹太人手上的财富而允许他们居住，但是居住时间是受限制的，且需要交纳高昂的保护税。虽然他们的居住地在城市，然而与欧洲人的住所隔离，有"隔都"之称。不仅他们的居所受限制，而且他们的谋生手段也受限制，他们不能购置土地，不能加入行会从事手工业，于是他们中的很多人放高利贷，或者低价推销典当品。他们不像福格尔银行家族那样有钱直接向权贵放贷，而是向饱受诸侯、地主和教会压榨的贫穷农民放高利贷。同时，他们兜售廉价的商品，直接冲击了小市民和下层手工业者的生计，因而他们在普通大众眼中形象极差，贪婪的放高利贷者和投机倒把的奸商几乎成了犹太人的代名词，许多贫穷的下层百姓甚至将自己贫穷的原因直接归咎于犹太人。不过客观而言，犹太人对欧洲的发展还是起了积极的作用，在经济上尤其如此，否则很难解释一些诸侯为何会允许他们在其领地存在。此外，人文主义要求复兴古典文化，而希伯来语和文化也有利于人们理解《旧约》，因而犹太人在推动文艺复兴和宗教改革上也发挥了重要作用，很多人文学者师从犹太教的拉比学习希伯来语和文化，罗伊希林由此撰写了《希伯来语初阶》和其他有关犹太文化和神秘主义的著作。

1509年，皈依基督教的犹太人普菲费尔科恩对其新信仰极其狂热，痛恨过去所持的信仰，对犹太教的经典和教义著作，尤其是《塔木德》提出了恶毒的攻击和指控，说它与基督教的《圣经》和教义冲突，并且要求政府支持焚烧犹太教的除了其《圣经》之外的所有文献。犹太人为维护自己的精神财富而上书帝国皇帝。政府为此成立专门调查委员会，而罗伊希林就是该会委员之一。虽然他认为犹太人所遭遇的苦难是他们拒绝信仰基督教的报应，不过他反对用暴力迫使他们皈依，强调犹太人也是帝国的公民和帝国自治城邦的自由市民，应该受到法律的保护和人们的尊重。1511年，该委员会提交了有利于犹太人的报告，于是这个焚烧计划没有得逞。不过，由此引发的宗教界的"法典论争"一直在继续。普菲费尔科恩这个狂热分子受到了保守蒙昧的多明我会的支持，而很多人文主义者和教会的开明人士则驳斥这种狂热的做法，宣称犹太教的经典和教义有助于人们理解和鉴别基督教的《圣经》中的内容。

路德对犹太人的态度与他的思想发展以及宗教改革的进程一致，经历了变化，从同情怜悯到厌恶排斥。他最初与人文主义者一样反对焚烧和没收他们的典籍。在他看来，尽管犹太人顽固地排斥上帝在耶稣基督中的启示，弃绝他，在他的死上有份，因而被上帝抛弃，必须忍受因引起上帝的愤怒而招致的苦难，而且他们的法典对《旧约》的解释也充满了谎言和对基督教信仰的嘲弄，但是焚烧和没收他们的典籍也无法消除他们对基督教的亵渎，因为他们还会用其他方式嘲笑基督教的上帝和耶稣基督。

在形成自己的神学突破之后，路德更清楚地论述了他反对犹太人的原因，他在讲义中指出犹太人与那些伪基督徒一样不承认自己是罪人，蔑视上帝通过耶稣基督给予他们的义，而想通过遵守律法和实行宗教仪式来确立自己的义，凭借己力获取幸福。不过，他也批评那些骄傲地称呼犹太人是狗和作恶者的所谓的基督徒非常愚蠢，因为他们没有意识到在上帝的眼中他们与犹太人一样都是罪恶、污秽的，都依赖上帝的恩典获得拯救。犹太人过去一直像狗一样受到非人的待遇，没有尊严，真正的基督徒应该希望与他们一同受苦。不过，路德无法理解不信奉基督教的犹太人为何对给他们造成如此众多灾难的宗教不感兴趣。如果说，犹太人过去不皈依基督教是因为它完全背离了《圣经》，完全变成了罗马教会的教义，那么，他们现在应该皈依崇尚并且返回到《圣经》和原初教义的改教派，回到真正的信仰之路上。

在1523年的《耶稣基督生而为犹太人》一文中，路德向犹太人发出了最友善的信息，说犹太人是耶稣的近亲，基督教的众多先知和使徒也都是犹太人，犹太人是可以皈依的。他抨击教皇，说教皇及其党羽粗鲁愚蠢，歪曲基督教的教义，并且将犹太人当作狗，而不是人，使他们宁愿做猪也不愿做基督徒。他相信，只要人们不再诽谤和歧视犹太人，用基督徒的爱和仁慈来善待他们，在经济上允许他们像基督徒一样从事所有职业，不迫使他们继续从事放高利贷的肮脏交易，在信仰上耐心地向他们讲解基督教的教义，甚至先不强迫他们承认耶稣基督，只要求他们将耶稣作为真正的弥赛亚，那么犹太人就一定会皈依基督教。

路德对犹太人的友善态度引起了犹太人的关注，他们也对路德的宗教改革持欢迎态度，但是路德对于他们寄予的皈依希望却破灭了。他发起的宗教改革导致了基督教的再次分裂和德意志世界的混乱状态，这反而使犹太人坚信自己的信仰是正确的，弥赛亚即将到来。同时，宗教改革的激进派也频繁从《旧约》中寻找根据来支持自己的措施，譬如：激进派捣毁教堂的圣像时援引的就是摩西的禁止偶像崇拜的诫命；重洗派发动暴力革命，在明斯特建立了一个尘世的弥赛亚王国，并且仿效古代以色列确立国王和先知职位，遵行律法；更有甚者，有些地方的重洗派甚至给一些基督徒行割礼，用犹太教的安息日取代基督教的礼拜日。

犹太人没有顺服皈依，接受基督教，而路德所厌恶的宗教改革激进分子反而向犹太教靠近，犹太教的律法主义和弥赛亚的理想大有发扬光大之势，这令本来对犹太人皈依持积极态度的路德非常失望和愤怒，他斥责犹太人是顽固不化的渎神者。1536年8月，萨克森选侯"宽宏者"约翰·腓特烈颁布法令，要驱逐在其领地的犹太人并禁止他们穿越其领地。次年4月，卡皮托给路德写信，请他帮他的一帮犹太朋友向选侯求情，废除此法令。6月，路德直接回信给这些人中的首领，拒绝出面说情，他说：基督徒将被钉十字架的犹太人耶稣基督当作真神，而犹太人却将他视作异教徒，拒绝接受他是救世主，因而他们已经无可救药。

1538年3月，路德在《驳斥安息日——致一位朋友的信》中斥责犹太人和某些重洗派人士盼望弥赛亚到来和相信律法的做法，宣称他们不是上帝的选民，相反是被上帝诅咒和抛弃的人。犹太人后来对路德的这份公开信进行了回应，路德劝犹太教的拉比皈依，而他们反过来劝路德信仰犹太教。于是，路德接连写了三篇论文批判犹太人，后来极大地影响他声誉的《论犹太人及其谎言》就是其中的一篇。在这篇论文中，路德措辞严厉地说犹太人是魔鬼、毒液、盗贼、"令人作呕的害虫"和一千四百多年来欧洲所有不幸的根源，他希望将他们打倒在地，愤怒地用剑刺他们。与前面同情犹太人被逼无奈放高利贷不同，他在这里谴责他们，说：犹太人是应该被永远诅咒的高利贷盘剥者和不劳而获、肆意享乐的懒惰地主，他们不但肆意掠夺基督徒的财富，还嘲笑侮辱他们；他们成了主人，而基督徒成了仆人。他要求将犹太人驱逐出境，如果不能做到，那就执行他为他们设计的七个计划：燃烧犹太人的会堂和学校；摧毁他们的住房，将他们圈在一个大厅或畜栏里；没收他们的传播偶像崇拜和诽谤上帝的所有书（包括经文）；禁止犹太教的拉比教书；不向犹太人提供保护，不许他们使用街道；禁止他们放高利贷，没收他们的金银财宝；要年轻力壮的犹太人自食其力，凭借劳动赚取他们所需的面包，而不是靠不劳而获的商业和金融活动攫取高额的利润。

路德的一些计划不免让人想起20世纪德国纳粹排斥和屠杀犹太人的血腥暴行。有些人甚至说他是导致暴行发生的原因，而一些反犹主义者也确实用他的著作为其野蛮罪行辩护。但是要指出的是，路德毕竟与纳粹不同，他反对犹太人并不是因为种族歧视，而是出于信仰原因，他认为犹太教是谎言，反对他们的倾向于善工得救的律法主义和渴望在尘世实现弥赛亚王国的理想。在他看来，人的得救不是靠遵守律法和施行善工，律法不能拯救人，而是定人的罪；人是有罪的，没有善工可言，拯救完全依靠上帝的恩典并借着恩典的渠道即信来领受；真正的弥赛亚不是世俗的君王和民族的解放者，而是上帝的忠顺奴仆，为赦免人类的罪而受难，被钉死在十字架上；弥赛亚王国的理想并不能在尘世实现，更不能由人靠暴力来实现，人在尘世必须服从俗世掌权者。况且，在那个时代，路德排斥犹太人的态度和主张并不新鲜，像法国和西班牙当时已经那样做了，他只是因袭了当时的错误观点和陋习，完全不像他反对罗马教会的陋习那样勇敢和富于创新。此外，路德的经济思想相当保守，非常重视农业和手工业生产，几次撰文激烈反对商业和金融业（放高利贷），因而他对犹太人的生存方式的抨击，与其说是因为他仇恨犹太人，还不如说是因为他仇恨一切从事放高利贷的人。尽管路德向当权者提出了一系列的惩罚犹太人的计划和举措，但是他们并不像在镇压农民起义那件事上那样言听计从，因为他们考虑更多的是经济繁荣和社会稳定，犹太人掌握着巨大的财富，能繁荣经济，缴纳更多的赋税，并且有些虔诚的诸侯也认为路德的这些极端的建议有失基督教的博爱和仁慈精神。

新教的形成和大公会议

1526 年 6 月，神圣罗马帝国在斯派尔召开了帝国会议，商讨国内大事，并讨论贯彻实施沃尔姆斯敕令。此时，农民起义基本平息，社会秩序逐渐恢复。社会舆论指责支持罗马教会的贵族诸侯的贪婪暴敛造成了此次大规模的流血冲突。很多人见形势不妙，没有出席此次会议。支持宗教改革的诸侯贵族占据了绝大多数，所以会议作出了有利于路德的决定：在下一次宗教会议召开之前，不用强制执行沃尔姆斯敕令，各个领主可以自行决定是否允许路德及其信徒在领地内传道。但是到了 1529 年 4 月，支持罗马教会的诸侯贵族都来参加斯派尔帝国会议，他们在人数上占据了优势，于是趁机推翻了上一次会议的决议，要求执行沃尔姆斯敕令。支持宗教改革的诸侯以及自由城市的代表联名提交了抗议书，宣称将不惜一切代价维持上一次会议的决议，于是人们将这些代表称之为"抗议者"，而将其所持的宗教立场称之为"抗议宗""抗罗宗"（抗议罗马教廷）或者"新教"。"新教"或"抗议宗"的名称由此产生。

在沃尔姆斯帝国会议之后，作为帝国皇帝的查理五世十年内都没有回到德国，也没有要求强制执行沃尔姆斯敕令，武力镇压宗教改革运动。正如前面已经论述的，神圣罗马帝国四分五裂，皇帝并不能有效控制帝国，做到令行禁止。此外，当时的国际政治形势也非常严峻，查理五世一直在与昔日同他争夺帝国皇位的法国国王弗朗索瓦一世及其盟友教皇克莱门特七世争夺意大利，在 16 世纪 20 年代发动了多次战争，并在 1527 年洗劫了罗马。老谋深算的他将容忍宗教改革势力发展当作一种政治策略，既可以以此笼络一部分支持改革的诸侯，又可以打击教皇的势力，并且获得与其进一步讨价还价的筹码。从 1526 年起，他还要应付信仰伊斯兰教的奥斯曼帝国苏丹苏莱曼一世发起的进攻。1529 年，奥斯曼帝国军队甚至越过多瑙河，兵临维也纳城下。查理五世以及支持他的贵族诸侯不愿意树敌太多，影响了对抗异教徒的战争，因此他决定于 1530 年 4 月 8 日在奥格斯堡举行帝国会议并亲临会场，结束德国因宗教分歧而造成的分裂状态，团结一致对抗土耳其人。

为此，萨克森选侯"坚定者"约翰通知维滕堡的路德、梅兰希顿等人，要求他们就其信仰起草一份清楚而又详尽的声明，逐条论述他们对崇拜仪式、教会组织方式和神职人员的性质等问题的主张。路德等人不久就按要求向选侯递交了一份信仰宣言。随后，他们准备动身前往奥格斯堡参加会议。因为路德是教皇裁定的异端和帝国的通缉犯，没有安全通行证，所以他没法亲临此次会议。但是选侯还是决定带他前往，将他安排在选侯管辖地最靠近奥格斯堡但也有几天路程的科堡，以便商讨对策。

4 月 24 日，路德在科堡安顿下来。这次帝国会议开了半年，他不得不在这段时间隐居在那里。他厌恶这种生活，喜欢为捍卫福音的真理而论战，不过远离喧嚣和论争也有利于他进行思考和从事创作。在此期间，他专心研读《圣经》，翻译了《伊索寓言》，还写了几本小书。除此之外，他与奥格斯堡的同仁保持密切的通信，了解会议的进展，鼓励他们坚定信心，并为他们出谋划策。在《致在奥格斯堡集会的神职人员的信》中，他保持了尖锐批判的风格，说罗马教廷关注赎罪券之类的微不足道的事情更胜于福音、信仰和恩典这些更根本的事情，抱怨教皇使他缄口不言就是不让福音传播开来，并且他要求与会的神职人员公正地对待宗教改革，说新教坚持自养，不会给教廷带来任何负担。最后他警告他们，如果不采纳他的合理建议，他会继续抨击他们，他们的一意孤行会导致比农民战争更糟糕的流血冲突和动乱。

除了著述写作，路德还要面对很多精神和肉体的折磨，与往常发生重大事件时一样，他不但要忍受诸如头疼、晕眩、耳鸣等身体疾病的折磨，还要忍受灵魂的试炼和争战之苦。更糟糕的是，他得到了老汉斯去世的噩耗，他抓起《诗篇》，独自待在房中痛哭，两天都不能做任何事情，前所未有地厌恶死亡。他焦躁不安，总是渴望了解帝国会议的最新消息，他并不怀疑约翰选侯对新教事业的忠诚和梅兰希顿的能力，但总是担心他们会妥协。

在奥格斯堡，梅兰希顿起草了包含二十八条声明的《奥格斯堡信条》，他以温和的语气简明地陈述了以路德为首的维滕堡神学家所认信的教义，宣称他们也承认三大信经，反对与之相悖的各种异端学说，并且解释了对信仰、恩典、善工和圣礼等核心问题的看法。他也提到了那些引起争议的条目，不过，他强调新教徒愿意以《圣经》为根据，与反对者对话协商，消除分歧。路德收到初稿后发现他的担心是多余的，他非常满意，说自己都不知道如何修改完善它，因为谦逊温和不是他的风格。确实如此，他擅长的是嘲讽和辛辣地批判对手，哪怕对手是可以团结和联合的。

6月25日，得到了七位支持新教的选侯和亲王签名的《奥格斯堡信条》在帝国会议上被宣读。但是正如改教家在圣餐问题上各执一词、互不相让一样，其他改教家纷纷提出了自己的信条，斯特拉斯堡的布塞联合其他三个城市提出了自己的信条，而瑞士的茨温利派也送来了题为《信仰与理性》的信条。

当然，宗教改革的极端派重洗派根本没有机会发表自己的信条。

然而路德的高兴并没有持续多久，他的老对手埃克联合罗马教廷的红衣主教积极游说皇帝继续支持教皇。7月12日，埃克将他的《驳奥格斯堡信条》呈交给皇帝，而梅兰希顿也向皇帝呈交了《为奥格斯堡信条辩护》，但是皇帝拒绝接受辩护，裁定执行沃尔姆斯敕令，要求所有新教徒听命罗马教会，并给予他们六个月臣服投降的期限，如果他们过此期限还不顺服，就将受到武力制裁，这就是著名的奥格斯堡敕令。约翰选侯和维滕堡代表团愤然离去。这样，西欧统一的基督教世界分裂了，而《奥格斯堡信条》标志着路德宗或信义宗的形成，它不久之后成为路德宗的权威信仰纲领，人们通常以它被宣读的那日为天主教和基督新教分道扬镳之日。

当然，这对双方主张谈判和和解的温和派来说都是一个沉重的打击，梅兰希顿等人的美好愿望破灭了。对于这个结局，双方的明智之士早就知道了，黑森侯爵腓力一世甚至都没有向皇帝辞行就在8月6日离开了会议。双方开始磨刀霍霍，准备战争。

其实早在斯派尔帝国会议要求执行沃尔姆斯敕令之前，支持新教的诸侯就敏感地意识到危险的来临，他们试图组成联盟，用武力捍卫信仰，对抗皇帝与教皇可能发动的进攻，不过他们需要劝说他们的精神领袖路德博士赞同此事。他们费了很多心力将组织联盟武力反抗的必要性向他作了陈述，说法律上允许以暴制暴。路德对于这个提议持反对态度，一如往常，他从《圣经》出发，说《圣经》要求人们对掌权者忠诚，不能发动叛乱，以暴制暴只适用于平级的人，而不适合被统治者与掌权者，诸侯用武力对抗皇帝就是僭越，这必然导致内战和大屠杀，使生灵涂炭。诸侯们一直没法说服路德。不过，因为皇帝在奥格斯堡会议上倒行逆施，天主教势力与新教诸侯的关系再度紧张起来，结盟反抗又提上了议事日程。萨克森选侯约翰和黑森侯爵腓力一世又开始劝说路德，甚至给在政治上比较天真的路德普及法律知识，指出德国宪法的特点以及诸侯的权利和义务，诸侯拥有很大的自由和权利，皇帝与诸侯的关系并非上下级的关系，《圣经》教导基督徒要顺服掌权者的命令并不适用于德国的基督徒诸侯。这样，路德最终勉强同意结盟对抗，他强调帝国法律赋予了诸侯反抗皇帝的合法性，不能因为福音而破坏法律，剥夺基督徒诸侯进行武力对抗的权利。在此期间，他还写了《评所谓的帝国的〈奥格斯堡敕令〉》和《对亲爱的德意志同胞的警告》，指责罗马教廷的支持者是杀人犯和嗜血狗，希望发动战争，进行屠杀，他们已经沦为撒旦的工具，并且宣称还击他们是自卫，而非叛乱。在以后的战争中，新教诸侯总是拿他的这两部著作作为自己辩护，鼓励新教徒反抗天主教势力的进攻。

1531 年，萨克森选侯等诸侯签署文件，组成保护新教和领土的施马加登联盟，应对皇帝和支持天主教的诸侯可能发动的攻击。事实证明这样的结盟是有效的。面对新教的强大军事同盟，皇帝无可奈何，并且他们还需要新教诸侯提供经济和军事上的帮助以对付土耳其人的进攻，而逼迫他们改教不但不能获得他们的帮助，反而还会导致内乱和分裂，给敌人以可乘之机；因而查理五世不得不放弃他在奥格斯堡会议上要求所有诸侯臣服于罗马教会的强硬主张，与新教诸侯达成妥协，签订了《纽伦堡和约》。只要新教诸侯提供财力支持帮助对付土耳其人，那么在下一次大公会议召开和作出最终裁定之前，他们可以享受完全的宗教自由。战争的风险被大大降低了，而新教诸侯则借此机会扩充地盘，增强实力。越来越多的贵族诸侯改信新教，这可能是为了追求虔诚纯正的信仰，但更重要的是出于经济和政治原因，改教事业成了攫取财富和获取权力的良机。只要他们宣布改信新教，就不用再向教廷纳税，就可以像教廷过去掠夺德意志人民一样，肆意侵占教产，获得大量的财富；同时，他们也可以摆脱罗马教廷及其任命的主教的控制，并且新教主张顺服世俗掌权者，渴求他们领导改革，所以他们就可以堂而皇之地成为自己领地的宗教领袖，集尘世和精神之统治权于一身。这样，新教本来从反抗独断专制的罗马教皇开始，却在各地培育出众多权力更大的小教皇，而德意志的分裂也进一步加深了。

15 世纪召开过康斯坦茨宗教会议，不过它却判定改教家胡斯为异端，将他烧死。尽管路德在奥格斯堡会谈时说会上诉大公会议，但是在莱比锡论争中他说大公会议也会犯错，胡斯案就是例证。不过，路德和支持他的诸侯仍然对大公会议有期待，希望为自己信仰的合法性辩护。1530 年，新教领袖在《奥格斯堡信条》序言的结尾宣称他们愿意参加真正自由的宗教会议，为自己的信仰辩护，并且要求在此会议召开之前允许他们有宗教信仰的自由。尽管查理五世在 1532 年与新教诸侯签署了《纽伦堡和约》，但是他也只是将它当作权宜之计，希望次年就召开宗教会议，结束德意志境内的宗教分裂状态。面临各地方兴未艾的宗教改革浪潮，支持罗马教会的人也呼吁召开宗教会议，处理宗教改革提出的挑战，澄清信仰，抵制异端的冲击。

尽管各方都有召开大公会议的要求，但是会议却一直被耽误和拖延，这使得路德更加怀疑被他称为"巴比伦淫妇"的罗马教廷的诚意，似乎用诱饵来戏弄饥饿的动物。直到保罗三世继承了克莱门特七世的教皇之位，事情才出现了转机。1535 年 2 月，他派遣特使到达德意志，拜访政要，试图获取他们的支持，并且在次年 6 月宣布在 1537 年 5 月在曼土阿召开宗教会议。施马加登联盟提出了参加大公会议的条件，宣称会议必须在德意志境内召开，必须是一次不受教皇控制的自由会议，与会的新教徒必须享有平等地位，不被视作异端，并且会议作出裁决的标准是《圣经》，而不是教皇的权威。但是特使告诉他们，会议不会在德意志境内召开，议题也不会局限于他们所关注的事情。因此，新教诸侯认为这次会议与他们毫不相关，持消极抵制态度。不过，新教诸侯为了应对可能召开的大公会议，委托路德起草一份信纲，陈述他们在任何时候都必须持守，不能与罗马教廷妥协的信条，并且将在施马加登会议上通过。

路德对与罗马教廷和解并不抱希望，不过他乐于澄清由他发起的新教与罗马教廷在信仰上的尖锐对立和差异，并且也有意将撰写的这样一个信条作为他的遗嘱和最终的信仰宣告，让后人明白他的立场。在该信条中，路德指出教会信经的核心是相信基督，除了陈述尊荣至高的上帝，他还论述了耶稣基督的职司和我们的得救，其中包括论述因信称义、弥撒、小礼拜堂、修道院和教皇制度等的信条。虽然路德起草的这个信条后来叫《施马加登信条》，但是在施马加登会议上，因为它对圣餐的看法与茨温利派的看法相左，而为了团结新教力量，新教诸侯和神学家将它搁置起来，而采纳了梅兰希顿起草的《奥格斯堡信条》及其辩护。1538 年，路德出版了经过修订的《施马加登信条》。在以后的宗教争辩中，它的重要性超过了《奥格斯堡信条》及其辩护，因为它清楚地陈述了路德与梅兰希顿的立场的差异，集路德教义之大成。现今的路德宗教会仍把它列为他们遵奉的信条之一。

大公会议还是被一再推迟，而外部的威胁令查理五世难以一直等待下去。虽然弗朗索瓦一世是罗马教会的信徒，但是他为了与查理五世争霸，在1536 年不惜与信仰伊斯兰教的土耳其人结成联盟，这样，神圣罗马帝国就腹背受敌，非常被动。查理五世呼吁新教诸侯提供帮助以阻止土耳其人入侵，而新教诸侯明白皇帝迫切需要他们的支持，于是与他讨价还价，要求他给予他们信仰自由，以此换取他们的支持。为此，查理五世在1540~1541年召开数次会议，试图消除天主教与新教的分歧和冲突。

在雷根斯堡帝国会议上，新教神学家和罗马教廷的代表都与会，路德没有参加上述会议。或许正因为此，他们在意志自由、罪的起源等一些关键问题上达成了广泛共识，并且容忍双方存在一些差异。但是当双方的代表将文件带回给各自的领袖审批时，教皇和路德都不满意其中有关称义的条款，认为作出的让步过多。那个条款试图调和天主教和新教的立场，主张双重称义：一方面，因为上帝的恩典，罪人借着对耶稣基督的信心而称义，罪得赦免，获得救恩，但是另一方面，对基督的信心必须体现在爱邻居的外在行为中。路德非常警惕，意识到这个信条的危险，因为它暗示信仰依赖外在的行为和别人的评价，而这又回到了因行为和善工称义的老路上去了。调和的努力宣告失败。

这个结局令查理五世失望，不过令他感到意外的是，他的要求得到了满足，因为路德号召新教诸侯不要与皇帝讨价还价，应该无条件地支持他。当然这并不是因为路德具有政治头脑，希望达到某个目的，而是因为他认为形势危急，土耳其的穆斯林会对基督徒施加暴行，新教徒应该与天主教势力团结起来，对抗穆斯林。不过，他也从信仰出发解释这种威胁，说土耳其人的威胁是上帝对德意志新教徒的惩罚，因为他们犯了太多干犯上帝的罪。因此，他劝说新教徒悔改认罪，而不要仅从军事上解决威胁。

经过一再拖延，大公会议最终于1545年在意大利的特伦托召开，而新教诸侯和神学家因为拒绝由罗马教皇主导的会议，所以没有受到邀请。这次会议前后举行了二十五场讨论，断断续续地开了差不多十八年，签署了诸多谕令，以至于当时的一位枢机主教说："在教会史上，没有任何大会决定过如此多的问题，确立过如此多的教义，或者制定过如此多的法规。"这次大公会议本意在于针对路德发起的宗教改革提出"反改革"的决议和谕令，但是因为它清晰地确立了被新教批判的罗马教会的信仰，在信仰的权威、罪和称义等关键问题上作出了与新教泾渭分明的论述，并且由于宗教改革的外在强大压力而纠正了一些为人诟病的弊端，譬如兜售赎罪券的闹剧，所以这次会议成了罗马天主教会的自我改革运动。由此，新教和天主教的对立阵营最终确立。

在此期间，西欧的政治形势也发生了变化。尽管弗朗索瓦一世与奥斯曼帝国结盟，但是查理五世还是占据了上风。1544年，他迫使弗朗索瓦一世缔结了城下之盟，并且与此时正与波斯开战、无暇西顾的奥斯曼帝国达成了妥协。这样，在解决了旷日持久的外患之后，作为天主教徒的查理五世对自己的实力充满了自信，便改变了他过去为了寻求新教诸侯支持他的对外战争而一直与他们妥协、容忍新教发展的主张，将对付法国和奥斯曼帝国的军队集结起来对付德意志境内的新教势力，打着捍卫天主教的大旗，企图一劳永逸地铲除日渐强大的新教势力，并乘机加强自己的皇权。

1546年，查理五世发动了对施马加登联盟的战争，采取分化瓦解、各个击破的策略，全力对付萨克森选侯和黑森侯爵腓力一世的联军。次年4月24日，在易北河边的米尔堡战役中，他的军队击败了新教联军，俘虏了作为联盟领袖之一的萨克森选侯约翰·腓特烈。查理五世剥夺了其选侯资格，将其终身监禁起来，并将选侯头衔赐给了在这次战役中支持他的莫里茨公爵。此人正是过去一直顽强反抗宗教改革的萨克森公爵乔治的侄子和继承人。作为宗教改革策源地的维滕堡也沦陷了，落入天主教徒手中。

但是查理五世与新教的战争并没有结束。他颁布了"血腥法令"，全面恢复罗马教会的体制，试图借统一的天主教来强化自己的皇权。这几乎使新教势力陷入灭顶之灾，使他们产生了强烈的危机感，甚至连教皇和支持天主教的一些诸侯贵族都对皇权的膨胀感到恐慌，他们起来反对皇帝。1552年，新教诸侯偷偷与法国国王结盟，法国军队入侵洛林，并连下数城。莫里茨选侯虽然靠支持皇帝而获得了选侯之位，但是他发现他所辖的萨克森选侯区的人民都信仰新教，如果要统治好他们，自己就必须支持新教，于是倒戈支持新教，并充任新教联军的统帅，率军突袭皇城。已经宣布解散军队，准备做太平皇帝的查理五世不得不仓皇出逃，险些丧命，最终不得不与新教诸侯议和。

1555年，查理五世与该联盟签订了《奥格斯堡帝国及宗教和约》，确立"在谁的领地，信谁的宗教"（cuius regio eius religio），即"教随国定"的原则，确认帝国境内的诸侯有宗教信仰的自由，承认了路德宗在帝国的合法地位。这样，德意志境内的宗教矛盾得以暂时平息，但是新教其他派别的合法地位并未被确立起来，这为以后的宗教冲突埋下了种子。而路德所描述的自由信仰和自治的教会并没有出现，反倒是新教诸侯变得自由、自治了，他们不但掌握了世俗权力，而且还成为教会的领袖，变得比帝国的皇帝和罗马的主教甚至教皇都更有权力，路德宗的教会完全听命于诸侯或国家，变成了应声虫或沉默不语者。

不过这些都是路德去世之后的事情，他的时代还没有结束。

荣归天家

老年路德的健康状况恶化，多种疾病折磨着他，同时撒旦的试探和诱惑也频繁袭来。勤奋的工作、身体的痛苦和灵性的挣扎使得他异常疲劳、痛苦和沮丧。他脾气非常暴躁，经常发怒，难以容忍持异见者，也不屑于与人讨论问题。宗教改革的原初动力就是恢复虔诚信仰福音的属灵生活，然而事实上，聚会仍然缺乏活力，虔诚侍奉上帝的人并不见多，就连改革的一些支持者也怀疑人们的道德状况是否发生改善。1539 年，黑森侯爵腓力一世在路德的默许下重婚。此事被曝光后，路德名声严重受损。尽管维滕堡是宗教改革的策源地和中心，然而当地的道德状况和民风与以前相比并没有得到明显的改善。1545 年，因为维滕堡人轻视福音，少女们穿着低领露肩装，路德愤怒地离开那里，发誓不再回来。

但是这并不意味着这位老人已经昏聩无能，无所事事。他仍然非常勤奋地完善他的《圣经》译本，写讲章和解释经文，出版《创世记》的注释。1545 年，他为其拉丁著作集作序，详细论述了他早年的思想经历，描述他如何全新地理解上帝的公义。同年，他还出版了《反魔鬼建立的罗马教皇制度》，针对教皇宣称只有他有权利定义真正的信仰而提出了最严厉的批判，抨击教皇篡改了基督的权威，说他是"魔鬼的代理人"、敌基督和基督教会的破坏者，他甚至使用了"老屁精""罗马的阴阳人""老鸹中的老鸹""婊子中的婊子"这样低俗恶毒的话语咒骂教皇。这令他的同事们都感到瞠目结舌，惶恐不已。

最后令路德殚精竭虑的事情是调解曼斯菲尔德的伯爵兄弟的纠纷。他们三弟兄统治这块非常小的领地，为争夺利益而钩心斗角，频繁争吵。路德关心此事一方面是因为他的亲人还生活在这个地方，另一方面是因为他要求上层统治者作为基督徒应该履行自己的义务，妥善处理领地内的事务，善待人民。1546 年 1 月，已经 63 岁的路德和同事约纳斯一起前往艾斯勒本，旅途并不顺利，一度为洪水阻拦。更糟糕的是，他们还未到达目的地，路德的身体就已经变得异常虚弱。但是他还是凭借顽强的意志和过人的智慧调解这场纠纷，最终使他们化干戈为玉帛。2 月 14 日，路德在调解成功后依据习俗作最后的布道，在讲解宣扬基督的道对聪明之士是隐匿的《马太福音》第 11 章第 25~30 节时，他劝告人们放弃只不过是谎言的世俗智慧，朝向基督的道。但是他突然失去了热情高昂的语调，说："对于福音，应该讲的东西太多了，但是我是如此虚弱，我们就在这里结束吧！"他就这样躺下了。

在生命的最后时刻，路德并没有说多少话，朋友们从他的口袋中发现了一张纸条，上面写着："没有人能理解维吉尔的《牧歌集》和《农事诗》，除非他先做五年牧人或农民。无人能理解西塞罗的书信，除非他参与一个大团体并且在其中生活二十五年。没有人敢说已经尝透了《圣经》，除非他与先知以利亚和以利沙、施洗约翰、基督以及使徒一起治理教会一百年。'毋将汝手置于此神圣的存在者之上，向它低首，赞美它的一切表现。'"路德最后用拉丁语和德语写道："确实是这样的。我们都是乞丐。"(Hoc est verum. Wir sind alle Pettler.)

18 日，路德在出生和受洗的艾斯勒本去世。临终前，他反复申述："父啊，我的灵魂交在您手上，信实的上帝啊，您救赎了我！"当约纳斯问他是否坚持他所信的基督并持守他所传的教义时，他坚定地回答："是的。"

22 日，路德的灵车抵达维滕堡，他的亲朋好友以及市民在城门外迎接。灵车和队伍直接前往城堡教堂，在那里举行葬礼。梅兰希顿代表维滕堡大学用拉丁文致悼词，高度评价路德，说他已经站在旧约时代开始的先知和教父的行列之中，他开口讲福音，使之发扬光大。针对一些人指责路德过于严厉，梅兰希顿为他辩护，说这个时代病入膏肓，需要严厉的医生医治它，伟大事业倡导者的过分之举并不妨碍人们崇敬他。最后，路德被安葬在这所教堂中。

结　语

在图林根的艾斯勒本镇广场上，竖立着路德的铜像：他手持一本翻开的《圣经》，目光注视着前方，仿佛在向世人诉说着他对《圣经》独到的理解。他出生的民宅刚好对着这个广场，其门口放着他的石制头像，头像下方镌刻着如下文字："路德之学是基督之言，其因此而永存。"

路德是德意志民族的伟人，他对德意志精神的影响无人能望其项背。他翻译了《圣经》，规范了德语，又确立了内在的信仰自由原则，塑造了德意志深邃辩证的民族精神，建立了民族的、廉洁的教会，一扫教会过去的信仰松弛、慵懒堕落的状况，使之恢复了生机和活力，并使德意志摆脱了罗马教会的挟制和勒索。他是敢于与上帝摔跤的大信心之人，是基督教的伟大思想家和先知式的人物，正像保罗反对律法主义，传讲因信基督而得救恩之道，使基督教脱离了犹太教一样，路德反对善工主义，恢复了因信称义之道，使新教摆脱了罗马教会。他突破了经院神学的限制，开始了一个新的神学范式，使偏离了正道的信仰重新回到福音上来，由此确立了新教的基本原则和信仰基础，其领导的改教运动导致了基督教的再次分裂，沉重打击了罗马教会，迫使其作出调整。他是属灵的导师和思想的解放者，开创了精神的自由和平等的风气，破除了对外在的权威譬如教皇、宗教会议和权贵的信仰，树立对无误的《圣经》、内在的良心和理智的信仰，简化了宗教生活，废除了圣俗之间的隔阂，使得普通信众的职业、家庭生活等世俗活动都充满了神圣的意味，同时也将饱受外在的、形式的清规戒律限制的神职人员解放出来。

路德不是一个完人，而是一个棱角突出、个性鲜明之人，充满了矛盾和不一致：他有坚强的意志，反对独断和迷信，面对权威毫不妥协，然而自己却非常武断、自大，他的谦卑背后总是潜藏着狂妄；他反对罗马教廷宣称是确定无误的信条，要求凭借个人的判断和理解自由选择信仰，然而自己又重新确立起信条，以此判断敌友，无法容忍他们解释信仰和《圣经》；他强调爱，批判不宽容和用武力制裁异端，然而对持异见者非常冷酷无情，叫嚣打压他们，甚至从肉体上消灭他们；他精力充沛，才华横溢，思想独特新颖，然而也率真冲动，脾气暴躁，按他自己的说法是"粗野！狂暴！激烈！好斗"，有时无法自制，表现极其粗鄙，用最恶毒的话语攻击和辱骂对手。但是正如他自己说的，他与他们并没有私人的仇恨，只是为了捍卫福音真道。粗鲁、勇猛好斗本是他的缺点，然而正是这个缺点使得他敢冒天下之大不韪，挑战根深蒂固的传统体制和权威，保证宗教改革走向成功。对于世间的功名利禄，他并不在乎，只愿意做记载上帝话语的《圣经》讲员和研究保罗的讲师。他不愿意人们称呼他神学大师，将他领导的教会称作路德宗，将改教事业看作他个人的功劳。他说："我请求世人不提我的名，不称自己是路德宗的信徒，只称是基督徒。路德算什么？教训不是我的，我也不曾为谁钉十字架。我不是，也不愿做人的师傅。我和普世的教会都一同主张基督的一贯的教训，唯有他是我们的主。"

附　录

年　谱

1483 年　11 月 10 日生于图林根的艾斯勒本。

1484 年　全家迁往曼斯菲尔德。

1488 年　在当地的拉丁学校上学。

1497 年　在马格德堡拉丁学校学习。

1498 年　在艾森纳赫上中学。

1501 年　进入埃尔福特大学学习。

1502 年　9 月，获文学学士学位。

1505 年　1 月，获文学硕士学位。5 月，开始学习法律。7 月，遭遇雷暴雨，决志修道，17 日前往埃尔福特的布莱克修道院做修士。

1507 年　5 月，被按立为神父，首次主理弥撒。

1508 年　秋季学期，在维滕堡教授伦理学。

1509 年　3 月，获《圣经》学士学位和神学硕士学位。

1510 年　11 月，被差派到罗马。

1511 年　4 月，从罗马返回，后被放逐到维滕堡。

1512 年　10 月，在维滕堡大学获神学博士学位，并开始了在那里终生教授《圣经》神学的生涯，同时兼任维滕堡奥古斯丁修道院副院长。

1513 年　秋季学期，首次讲授《诗篇》。

1515 年　任图林根地区奥古斯丁修道院的监督。春季学期，开始讲授《罗马书》。

1516 年　出版《德意志神学》。秋季学期，开始讲授《加拉太书》。

1517 年　9 月，完成《驳经院神学论纲》。秋季学期，开始讲授《希伯来书》。10 月 31 日，贴出《九十五条论纲》。

1518 年　4 月 26 日，进行海德堡辩论。8 月，教皇传唤他到罗马。10 月

12~14 日，接受教皇特使、枢机主教卡耶坦的质询。12 月，萨克森选
侯"智者"腓特烈拒绝将路德交给罗马教廷。

1519 年　1 月，与教皇特使米尔蒂茨会谈。神圣罗马帝国皇帝马克西米利
安一世驾崩。6 月，西班牙国王查理一世当选帝国皇帝，称为查理五
世。7 月，与约翰·埃克在莱比锡辩论。

1520 年　6 月，发表《论罗马的教皇权》。教皇公布《逐路德出教》的谕
令。8 月，出版《致德意志基督教贵族公开书》。10 月，出版《教会
被掳于巴比伦》。11 月，出版《论基督徒的自由》。12 月 10 日，当
众焚烧教皇的谕令和教会法规。

1521 年　1 月 3 日，教皇公布破门令，正式革除路德的教籍。4 月 17~18
日，在沃尔姆斯帝国会议上接受审讯，最终被判定为帝国通缉犯。5
月，隐居瓦特堡，发表《论修士的誓言》等论著，并开始《圣经》的
翻译工作。12 月，冒险回维滕堡，视察改革，旋即返回瓦特堡。撰写
《劝诫全体基督徒严防暴乱和激愤的书信》。

1522 年　3 月，返回维滕堡，连续八天讲道，平息骚乱。9 月，翻译的《新
约》出版。济金根和胡腾领导骑士暴动，次年 5 月失败。

1523 年　3 月，发表《论世俗当局的权力》。

1524 年　9 月，伊拉斯谟发表《论自由意志》，批判路德。

1525 年　4 月，出版《和平的劝谏》。5 月，选侯"智者"腓特烈去世；
发表《反对杀人越货的农民暴众》；农民起义被镇压。6 月 13 日，与
波拉结婚。12 月，发表《论被缚的意志》，回击伊拉斯谟，两人
决裂。

1526 年　斯派尔帝国会议决定暂缓执行沃尔姆斯帝国会议有关路德的
敕令。

1527 年　制定教会视察条款，并亲自参与视察。

1529 年　4 月，新教诸侯在斯派尔帝国会议上提出抗议，形成"抗罗宗"
或"新教"。10 月，在马堡与瑞士改教家对谈，围绕圣餐问题展开
论争。

1530 年　4 月~8 月，奥格斯堡帝国会议召开。6 月，梅兰希顿起草并经路
德同意的《奥格斯堡信条》呈交给会议。

1531 年　学生开始记录路德在饭桌上的谈话。2 月，新教诸侯成立施马加

登联盟，以求自保。

1534 年　出版完整的德译本《圣经》。

1536 年　5 月，与德国南部的城市代表签订《维滕堡和约》。

1537 年　2 月，起草《施马加登信条》。

1539 年　默许黑森侯爵腓力一世重婚，此事最终被曝光，路德名声受损。

1543 年　1 月，发表《犹太人及其谎言》，痛斥犹太人。

1545 年　3 月，出版《反魔鬼建立的罗马教皇制度》。12 月，特伦托大公会议召开。

1546 年　2 月 18 日，在艾斯勒本去世。

1555 年　《奥格斯堡帝国及宗教和约》签订，确立了路德宗的合法地位。

参考书目

原著

1. *Martin Luthers Werke*. 127 Bande, Weimar, 1883-.

2. Martin Luther. *Luther's works*. 55 vols. Fortress Press, 1955-1986.

3. Martin Luther. *Basic theological writings*. China Social Sciences Publishing House, 1999.

4. 马丁·路德著，金陵神学院托事部编译：《路德选集》上、下册，基督教辅侨出版社，1957 年。

5. 马丁·路德著，何光沪主编，马丁·路德著作翻译小组译：《马丁·路德文选》，中国社会科学出版社，2003 年。

6. 马丁·路德著，雷雨田、伍渭文编：《路德文集》第一、二卷，三联书店，2005 年。

7. 马丁·路德著，叶泰昌编：《路德文集：信仰与社会》，协同福利及教育协会，1992 年。

8. 马丁·路德著，克尔编，王敬轩译：《路德神学类编》，道声出版社，1961/2000 年。

9. 马丁·路德著，陈江川译：《〈加拉太书〉注释》，道声出版社，1966 年。

10. 马丁·路德著，邓肇明译：《基督徒大问答》，道声出版社，1972 年。

11. 马丁·路德著，邓肇明译：《九十五条》，道声出版社，1973 年。

12. 马丁·路德著，王敬轩译：《路德语粹》，道声出版社，1974 年。

13. 马丁·路德著，王敬轩译：《路德语粹续集》，道声出版社，1975 年。

14. 王敬轩译：《日用灵粮》，道声出版社，1977 年。

15. 王敬轩译：《路德的圣洗观》，道声出版社，1978 年。

16. 邓肇明译：《圣诞之书》，道声出版社，1981 年。

17. 《圣道精华：马丁路德小问答略解附注》，中华福音道路德会，1991 年。

18. 马丁·路德著，和士谦等译：《基督徒的自由》，道声出版社，1992 年。

19. 王敬轩译：《马丁路德与你日日亲近主》（原书名：《信徒灵修日程》），道声出版社，2000 年。

20. 李广生导读、选读：《改革运动的先锋——马丁路德》，基督教文艺出版社，2003 年。

21. 路德、加尔文著，Harro Höpfl 编：《路德和加尔文论世俗权威》（影印本），中国政法大学出版社，2003 年。

22. 《信心日引》，台福传播中心，2004 年。

23. 路德、加尔文著，吴玲玲译：《论政府》，贵州人民出版社，2004 年。

24. 李春旺译：《马丁路德罗马书讲义》，中华信义神学院出版社，2006 年。

25. 路德著，李勇译：《路德三檄文和宗教改革》，上海人民出版社，2010 年。

26. 路德著，李漫波译：《〈加拉太书〉注释》，三联出版社，2011 年。

研究著作

1. Martin Brecht. *Martin Luther.* 3 Volumes. Fortress Press, 1985–1993.

2. Von Loewenich. *Luther's Theology of the Cross.* Augsburg, 1976.

3. Bernhard Lohse. *Martin Luther.* Fortress Press, 1986.

4. Alister E. McGrath. *Luther's Theology of the Cross.* Oxford, 1985.

5. 保罗·阿尔托依兹著，段琦、孙善玲译：《马丁·路德的神学》，译林出版社，1998 年。

6. 奥斯瓦尔德·拜尔著，邓肇明译：《路德的神学：当代解读》，道生出版社，2011 年。

7. 贺尔著，潘主闻、邓肇明译：《路德的伦理观》，道声出版社，1964 年。

8. 詹姆斯·基特尔森著，李瑞萍、郑小梅译：《改教家路德》，中国社会科学出版社，2009 年。

9. 汉斯·昆著，包利民译：《基督教大思想家》，汉语基督教文化研究所，1995 年。

10. 阿利斯特·麦格拉思著，蔡锦图、陈佐人译：《宗教改革运动思潮》，中国社会科学出版社，2009 年。

11. 罗伦·培登著，陆中石、古乐人译：《这是我的立场——马丁路德传记》，译林出版社，1993 年。

12. 蒂莫西·乔治著，王丽译：《改教家的思想》，中国社会科学出版社，2009 年。

13. 格拉汉姆·汤姆凌著，张之璐译：《真理的教师：马丁·路德和他的世界》，北京大学出版社，2004 年。